AMERICA FOOLED

The De Facto Number One Greatest Threat to America

EXPOSED!

H. Andrew Eugene

America Fooled

Copyright © 2021 by H. Andrew Eugene.

All rights reserved. Printed in the United States of America. No part of this book ma
be used or reproduced in any manner whatsoever without written permission except
the case of brief quotations em-bodied in critical articles or reviews.

This book is a work of non-fiction.

For information contact :
activist@americafooled.org
http://americafooled.org

Book Design by H. Andrew Eugene
Cover Design & Art by Natalie Matters
Format by Gina Freschi & Derek Murphy

Hardback ISBN: 978-0-578-30156-3
Paper back ISBN: 978-0-578-30157-0
Ebook ISBN: 2940165686641

First Edition : September 2021

Tabla de Contenido

Puerto Rico Se Levanta

Con Dios

"Si tienes la oportunidad de hacerle el bien a alguien, y no lo haces, estas desperdiciando tu tiempo aquí en la Tierra."
Roberto Clemente Walker

"Nuestra persistencia contribuye al orgullo nacional." Ricardo Alegría

"Con la patria no tengo mas que deber."
Eugenio María de Hostos

"Una sonrisa es reconocida en todos los lenguajes." Anónimo

"Una mano ayuda es reconocida en todos los lenguajes del mundo." Anónimo

Introducción

!María...el huracán del siglo! El huracán María ha sido señalado como el huracán mas destructivo de categoría cinco que haya pasado por la Isla de Puerto Rico en mucho tiempo.   Un martes, aparentemente un día común y corriente, llegó el huracán sin invitación y ni siquiera darle la bienvenida se impuso como feroz gigante la vorágine de las fuerzas destructivas sobre la Isla. Una fecha que pocos olvidarán y algunos jamás desearán recordarla. Otros, prefieren que nunca hubiera llegado el fatídico día cuando entró violento el 20 de septiembre del 2017, saliendo al día siguiente, pero no sin antes, marcar con profundas secuelas dolorosas el corazón y el suelo Boricua.

El huracán María es protagonista en la historia como uno de los huracanes mas feroces, causando enormes estragos físicos y materiales. Además, de emocional en todo el amplio sentido de la palabra, causando mucho dolor a los habitantes de la Isla. Sin embargo, el amor de la gente fue inquebrantable por la amada Patria el cual incrementó con cada ráfagas violentas de vientos que se ensañaba contra la isla. El huracán María sobrepasó las estadísticas establecidas por otros huracanes estableciendo sus propias estadísticas nunca antes vistas. La Isla del Encanto se tambaleó por la inmensidad de los daños causados por el huracán. Sin embargo, la isla comenzó de inmediato su proceso de recuperación recogiendo los pedazos desparramados por las cuatro esquinas. Aunque, la recuperación de la catástrofe ha sido lenta, se albergan las esperanzas de algún día, seguro se levantarán mucho mejor que antes. Pronto, la Isla volverá a brillar y recuperará el inmenso oxigenado verdor que caracteriza el campo, ahora herido y revuelto por el huracán. Cada día, los pueblos recobran fuerzas levantando las manos para decir presentes con machetes, picos y palas en hombro para agilizar el proceso de recuperación. Los valientes héroes Boricuas se incorporaban día a día, como soldados en medio del campo de batalla, sin rendirse ante la adversidad de la naturaleza. Los Boricuas dispuestos a seguir luchando, como una vez lo hicieron sus antepasados los Indios Taínos, dejando hasta la última gota de sangre por la Patria. No hay palabras para describir el horror que le tocó vivir a la Isla de Puerto Rico, quitándole el aliento a mas de uno y a otros los silenció permanentemente… Con todo mi corazón y el amor del mundo deseo emprender el camino de la narración para juntos descubrir los *verdaderos héroes del huracán María.*

Mientras tanto, descifraremos los misterios de la naturaleza aunque herida recobrar su verdor y brillo. Entonces, volver a enfrentar los incontrolables fenómenos de la naturaleza con mas ahínco porque aprendimos la amarga lección dejada por el huracán María. La narración esta repleta de torbellinos de emociones, algunas dulces y otras amargas. Las emociones afloran a través de las experiencias vividas junto a mi esposo, Leonides Rivera. La historia esta divididas en un antes, durante y después del huracán María, desde mis experiencias y punto de vista. A pesar de todo, sobrevivimos para contarles a otros acerca de la odisea del monstruoso huracán de categoría cinco.

La narración esta escrita desde la perspectiva como participantes sin experiencia de lo que es un huracán , víctimas y sobrevivientes, pero viendo la mano de Dios en todo momento. También, como vivimos milagros en nuestras vidas sosteniéndonos día a día nuestra fe. Describiendo la furia como el huracán se lanzó sobre la Isla, hasta destrozar casi todo lo tangible a su paso. Sin embargo, no destruyó los valores, las costumbres y tradiciones del pueblo de Puerto Rico, sino lo hizo mas fuerte, aprendiendo grandes lecciones de vida. Por el contrario, el huracán despertó la hermandad, un fuerte sentido de patriotismo, la solidaridad como pueblo y sobretodo los instintos que todos llevamos por dentro. ¡Por ende, sacando lo mejor del Pueblo puertorriqueño, quienes son los *verdaderos héroes de María!* Adelante...

Capítulo 1

Trasfondo Histórico

No pretendo ser historiadora, pero confieso que la Historia influye grandemente en mis escritos. La Historia es algo que siempre me ha parecido fascinante. Reconozco que influye intensamente a en mi forma de pensar y de escribir debido al gran sentido de apreciación y respeto hacia la Historia.

Históricamente, hablando en los tiempos de nuestros abuelos algo similar al huracán María pasó por Puerto Rico. Según, las fuentes de información de las trayectorias de los distintos huracanes en Puerto Rico, el evento sucedió un 13 de septiembre del 1928. Durante este año, se registró el fenómeno natural conocido como el huracán San Felipe Segundo. El terrible huracán

San Felipe Segundo reclamó muchas vidas, alrededor de 300 personas en Puerto Rico. Sin embargo, se registró un total de 4,078 muertes en todas las islas vecinas, incluyendo hasta la Carolina Del Sur en los Estados Unidos.

En el 1492, durante la colonización española, se acostumbraba a dar nombre del Santo a los huracanes que tenía la festividad correspondiente el mes del huracán. El huracán San Felipe Segundo, recibió el nombre porque su ojo alcanzó tierra el mismo mes de la festividad cristiana del apóstol San Felipe, de acuerdo a la tradición Católica.

En el 1928, el huracán fue llamado San Felipe Segundo. Anteriormente, unos cincuenta y dos años antes para el mismo mes, la Isla había sufrido los embates de un huracán utilizado el nombre de San Felipe.

Apenas avisaron al Pueblo por la única vía disponible de comunicación la radio, venía el eminente paso de un huracán aunque no sabían la categoría. El huracán San Felipe Segundo tuvo una gran peculiaridad ya que fue el primer huracán grabado y luego analizado años después, cuando en San Juan se estableció una oficina del Negociado del Tiempo. Años después, las fuerzas de los vientos del huracán fueron medidas. El horrible huracán San Felipe Segundo, siendo el primero en la Isla en utilizar la escala Saffir-Simpson. La escala utilizada para medir la intensidad de los vientos divididos en cinco categorías. La categoría uno, siendo menos fuertes los vientos, hasta el cinco, de máxima intensidad. El huracán de San Felipe Segundo, aunque analizado años después, en el momento de las ráfagas que asolaron la Isla, concluyó ser de categoría cinco. Por ende, este huracán quedó en la historia de Puerto Rico registrado registrado como el primero de categoría cinco en devastar la Isla.

Hoy día, ha sido comparado con el reciente huracán María por ambos ser de categoría cinco. Aunque en el 1959, el huracán llamado Betsy; en inglés, pero en Puerto Rico conocido como Santa Clara debido a la costumbre de usar los nombres en español. Santa Clara fue el último huracán en recibir nombre de un Santo. Precisamente, fue en el 1960 cuando se dejó a un lado la costumbre de usar los nombres de los Santos para los huracanes en Puerto Rico.

Sin embargo desde 1953, se dejo la practica de usar nombres de Santos en los Estados Unidos, para comenzar a usar nombres femeninos. La práctica feminista duró hasta el 1978, después de llevarse a cabo varias protestas en contra de dicha práctica. En el 1979, comenzó la práctica para usar ambos nombres femeninos y masculinos en orden alfabético. Esto en las áreas propensas a huracanes del Golfo de México, el Caribe y el Océano Atlántico.

Sin embargo, desde el 1969, los americanos comenzaron a utilizar el sistema de identificación para huracanes por categorías en la Isla. El científico e ingeniero Herbert S. Saffir junto a Robert Simpson, director en aquella época del Centro Nacional de Huracanes, desarrollaron la escala usada hoy día para identificar y explicar los daños causados por los huracanes. Las escalas estaban basados en la inmensidad máxima de los vientos y la presión atmosférica divididas en cinco categorías.

Aunque, históricamente Puerto Rico registró otros implacables huracanes los cuales causaron muchos daños y muertes, pero sin identificar las categorías. Antes de San Felipe II, no hubo precedentes para entender y explicar la furia en que los huracanes que atacaron a Puerto Rico y las islas adyacente. Sin duda alguna, los huracanes ocasionaron grandes destrucciones y sufrimientos, pues no había forma de avisar al Pueblo del eminente paso de uno de estos fenómenos.

Desde los tiempos de los Indios Taínos, los habitantes hábilmente se dejaban llevar por los cambios en la atmósfera y los vientos, observando de cerca los árboles de Yagrumo. El árbol volteaba las hojas hacia arriba con la parte inferior color plateada dando indicios que venía cambios atmosférico fuera de lo normal.

Además, observaban el comportamiento de los animales del campo y los violentos cambios en la naturaleza. Las señales indicaban que un fenómeno natural venia de camino para entonces protegerse.

Huracanes tales como: San Jacinto el 17 hasta el 19 de agosto del 1807, San Mateo el 21 al 22 del 1825, Santa Ana durante el 26 al 27 de julio del 1825, San Zacarías del 11 al 12 de septiembre del 1910, San Hipólito el 22 de agosto del 1916, San Liborio un 23 al 24 de julio del 1926 y San Nicolás el 10 al 11 de septiembre del 1931 y así sucesivamente hubieron muchos otros con limitada información disponible.

Sin embargo, es importante mencionar algunos huracanes que indudablemente dejaron sus huellas de singularidad al marcar sus pasos por la Isla de

Puerto Rico. Por ejemplo: San Ciriaco el 8 de agosto de 1899; puso su sello propio cuando se destacó por ser el primero bajo la soberanía de los Estados Unidos. El huracán San Ciriaco fue registrado por tener el número mas alto en perdidas de vidas que se tenga conocimiento, unos 3,369 muertes para un total de 1,294 ahogados.

También, el huracán San Cipriano llegó a las costas de la Isla el 26 al 27 de septiembre de 1932. a este huracán se le adjudican 225 muertes y por tener la mayoría de personas heridas. Aproximadamente, unas 3,000 personas fueron heridas por pedazos de maderas, planchas de zinc y otros objetos sueltos en el ambiente. Las muertes fueron la mayoría ahogados por los ríos y quebradas fuera de sus cauces. Además, San Calixto ll (Segundo) el 14 de octubre del 1943 afectó severamente la costa oeste de Puerto Rico, causando una fuerte erosión de arena en las playas . Adicional, estaba Santa Clara en el 12 de agosto de 1956, sucedió este durante el entonces gobernador de Puerto Rico, Luis Muñoz Marín. Ante tal, devastación el gobernador pidió ayuda al Presidente de la época Eisenhower, de los Estados Unidos, quien declaró a Puerto Rico por primera vez, *"zona de desastre."*

Otros horrendos huracanes tales como San Lorenzo del 5 al 6 de septiembre en el 1960, provocando las peores inundaciones nunca antes registradas en Puerto Rico Luego, vino Berta, en el 1966, seguido del Huracán Hugo 16 de septiembre de 1995, de categoría 4, Hortensia, en el 1996, Georges, 1998. Además, de las tormentas y depresiones tropicales las cuales tocaron el suelo

Boricua dejando cada uno de ellos el sello destructor y muertes.

A pesar de entender los ciclones son comunes en las áreas del Caribe, nunca se había puesto tanta atención en particular hasta la eminente aproximación del fenómeno atmosférico. Al igual, como sucede a la mayoría de las personas en la Isla, yo estaba entre los que esperan hasta el ultimo momento para prepararse.

Sin embargo la primera vez, escuchar de los huracanes de la isla llamado San Felipe Segundo fue muchos años atrás en la inconfundible voz de mi padre. Claramente, recuerdo a mi padre Don Dionisio Milán Alma Cortés, relatar en su lecho de enfermedad, como él había vivido cuando niño la inolvidable experiencia del huracán San Felipe ll. La voz entre cortada por el flujo de emociones, mi padre narraba como el huracán se llevó la humilde casa de madera en donde vivía con sus cuatro hermanas: Carmen, Laya, Mary y Minita junto a sus padres Don Tito Milán Cortés y Doña Jova Alma. Durante el huracán, las aguas se convirtieron en peligrosas quebradas que pasaban por al frente de lo que había quedado de la casa. Las escasas pertenencias, los alimentos, las ropas y los animales muertos desfilaban ante sus aterrorizados ojos. Mientras, él se escondía aferrado detrás del cuerpo de su perro Collar, por su mancha en el cuello.

El cielo fue su techo por mucho tiempo. Debajo de las escaleras de cemento entre socos y tablas rotas que habían quedado del piso, se convirtieron en su hogar por meses hasta que el padre Don Tito, volvía a levantar la humilde casa. A pesar de todo, al rostro de mi padre llegaba una tenue sonrisa al recordar cuando las familias, los verdaderos amigos, los vecinos y aún desconocidos que ayudaban en la reconstrucción de las casas. Además, compartían la comida mutuamente, dependiendo unos de otros en completa hermandad.

El nombre del huracán San Felipe volvió a resurgir de nuevo con el huracán María. Muchos lo escucharon por primera vez por la similitud entre los huracanes puesto ambos compartían la misma categoría. Además, de los huracanes dejar inmensos estragos humanos y económicos a sus pasos, también sacaron a flote lo mejor de los valores del puertorriqueño. ¡De la misma forma, el sentimiento de unidad resurgió durante los preparativos y aun después del paso del huracán María...sacando lo mejor de nuestra gente!

Capítulo 2

La Antesala del Huracán Irma

Me encontraba en la Isla del Encanto; Puerto Rico, en medio de la construcción de mi soñada casa. Además, disfrutaba del clima y las temperaturas cálidas típicas del Caribe. Sin embargo, no me había percatado que el ciclo mas activo para la formación de huracanes era precisamente durante esta época. Claramente, los meses de julio, agosto y septiembre eran declarados como los meses mas propensas a huracanes en el Océano Atlántico y por ende del Caribe.

!Acababa de pasar el huracán Irma! El huracán se había alejado de nuestras costas hacia las profundidades del mar, tal como se había pedido en clamor a Dios, a través de toda la Isla. *"!Misericordia para la Isla del Cordero!"*... Este era el clamor al unísono del Pueblo de Puerto Rico. Aunque, habíamos sido bastante afortunados, Irma dejó su secuela en el suelo Boricua, dejando su huella de dolor y desconcierto por doquiera que pisó tierra. Sin embargo, no se alejó de nuestras costas sin antes los vientos y las lluvias de Irma llevarse las casas mas frágiles e inundar los caminos arrastrando todo a su paso por el este la Isla. La gente se levantó como resorte y se unieron para la pronta restauración dando todo por el todo, a pesar de las muchas pérdidas materiales. Afortunadamente, las ayudas no se hicieron esperar. El gobernador recién electo el Honorable

Ricardo Rosselló con prontitud acompañado de los directores de cada Departamento se mantuvieron dando las directrices e informando al pueblo acerca los refugios y ayudas conjuntamente con los alcaldes de varios municipios, además, de la Cruz Roja que siempre dice presente en los desastres naturales.

Al igual que siempre, la electricidad fue lo primero que brilló por su ausencia. Al caer relámpagos solía irse la electricidad primero. Luego con vientos huracanados se fue de inmediato por toda la isla. Por varios días, no hubo electricidad y con una estufa eléctrica pueden imaginar el caos para cocinar. Como dice el refrán, *"Al mal tiempo, buena cara."*

En el momento de apuro, mi esposo Leonides; natural de Adjuntas, bohemio de corazón se las ingenió para poner tres piedras; igual como cocinaba su abuela, en tiempos de antaño. Tan pronto, pasó Irma, él utilizó la parrilla de metal de la estufa, además del carbón del verano para cocinar al aire libre y a comer barbacoa hecha por un Boricua, *"agusao."* Para mi, fue una gran aventura y tema de conversación, puesto se cocinaba en medio de la lluvia y la humedad. Mi esposo hacia la situación jocosa para aliviar lo que estábamos viviendo, pero Irma no nos venció.

A los varios días, se restableció la electricidad y pude ver los estragos causados por Irma en las Islas vecinas y la cantidad de muertos que dejó a su paso. Aunque, afortunadamente en Aguadilla donde residía la furia del huracán no se sintió tan fuerte. Sin embargo, mi corazón se entristeció en gran manera al ver tantos estragos en otros Pueblos de la Isla. Aquel desastre desojado ante mis ojos fue increíble para algunos pueblos de la Isla. Lamentablemente, las Islas adyacente sufrieron los peores golpes del huracán quedando completamente destrozadas con muchos muertos para contar.

Sin embargo, escuché comentarios fuera de lugar, sin sentido alguno quizás inspirado por pura ignorancia. Lamentablemente, hay personas que no piensan antes de hablar. No podía creer tanta indiferencia cuando escuché expresarse *"Dios los castigó...por eso permitió a Irma..."* Sentí horror de tanta ignorancia, apenas lo podía creer y pensé *"¡Ay...con la vara que midas...serás medido!"*

A pesar, de los comentarios absurdos sin sentido, y fuera de lugar mi corazón se partió al ver los habitantes de las pequeñas Islas salir despavoridos del país. Centenares acompañados con sus hijos y sus pocas pertenencias montaban los aviones que llegaron al rescate de un pueblo en desgracia fuera implacablemente azotado por Irma.

Algunos habitantes de las Islas adyacentes, llegaron a Puerto Rico, otros a Canadá, y algunos salieron rumbo a Nueva York. Algo en común, tenían los habitantes de las Islas y era la meta de salir para escapar del caos causado por el huracán Irma.

Algunos llegaron a Puerto Rico y fueron recibidos con bombas y platillos por el propio gobernador de la Isla, el Honorable Ricardo Rosselló, quién se portó como digno y verdadero campeón. Los refugiados de las Islas hermanas fueron auxiliados en toda la extensión de la palabra y otros dirigidos a su destino final. Algunos, fueron ubicados en refugios auspiciados por el gobierno de Puerto Rico, la Cruz Roja. La entidad de la Cruz Roja fundada por una enfermera Clara Barton en el 1881, a la edad de 60 años al ver la necesidad de brindar ayuda en tiempos de desastres. Esta organización dedicada siempre ayudar a los damnificados producidos por los desastres naturales dijeron presentes.

Además, recibieron ayuda del Municipio de San Juan con su alcaldesa la Honorable Carmen Yullín Cruz, quien defendió con uñas y dientes al Pueblo en necesidad. Otros grupos benéficos se unieron en un sólo sentir, sin ideologías políticas. *"!Hay que darle a César lo de César y a Cristo lo que es de Cristo!"* En otras palabras, hay que dar crédito a quienes…se lo merecen…sea la ideología partidista, cual sea.

Puerto Rico respondía a la póliza de un *"Buen Vecino"* establecida en el 1933, por el Presidente de los Estados Unidos de entonces, Franklin Delano Roosevelt; conocido como el amigo de la humanidad. La filosofía procuraba las buenas relaciones con países vecinos ayudando a América Latina…y América Central. La responsabilidad recaía en los países mas fuertes ejercer la doctrina del *Buen Vecino*…y en este caso le tocaba el turno a Puerto Rico.

¡Cuán orgullosa me sentía de mis hermanos Boricuas que dejaron los colores de los partidos, los perjuicios sociales y económicos para consolidarse en un sólo cuerpo, un sólo propósito…ayudar!

Así, se unieron como Pueblo para socorrer a los que llegaban de las Islas vecinas con las manos vacías y caras demacradas por la desolación. La hospitalidad e integridad del gobernador, Ricardo Rosselló y su equipo de trabajo llenó a muchos borriqueños de orgullo patriótico. ¡Por ende, pusieron el nombre de Puerto Rico, bien en alto!

Las noticias Internacionales reseñadas en el New York Times, Washington Post, CNN, y otras fuentes de información enfocaban como Puerto Rico recibía con los brazos abiertos dispuestos ayudar a los damnificados de las Islas vecinas.

Mientras tanto, hubieron grupos religiosos, reporteros, filántrofos, cantantes, ciudadanos que vinieron con la disposición de ayudar. En especial, los del genero Reguetón; vinieron aportar su talento para ayudar tomando la iniciativa. Aunque, algunas personas no les gusta el género de música ya sea por pura ignorancia o miedo a lo innovador del Reguetón hay que darles su lugar de reconocimiento. Quizás no entienden las líricas, ni quieren dar la oportunidad a otro género nuevo, pero hay que reconocer sus aportaciones humanitarias. Hay que reconocer los tiempos de hoy día, la música han cambiado y nunca será los mismos del ayer.

Sin embargo, los cantantes del Reguetón brillaron por sus heroicas contribuciones a los mas necesitados en tiempos tan difíciles. Felicidades a todos los que dejaron su ocupada agenda y pusieron un grano de arena con la aportación artística y económica.

Cada día, se levantaban diversos otros grupos de reporteros y de la farándula para decir presentes. Los grupos se deslizaban por la única vía de transportación en lanchas hacia las Islas vecinas para llevar víveres y los artículos urgentes de primera necesidad.

Los grupos estaban repletos primeramente de amor hacia los demás. Luego, de suministros necesarios para la sobre vivencia para aquellos los cuales quedaron atrás recogiendo tablas rotas, pues no tenían a donde ir. Sólo quedaba con dignidad y la cabeza en alto empezar de nuevo sin mirar atrás.

Mientras tanto, otros grupos cívicos y comunitarios se organizaron para ayudar a Puerto Rico. Los grupos se levantaban como soldados valientes para socorrer a los mas necesitados de las Islas de Vieques y Culebra. Las Islas Nenas sufrieron los primeros embates directos del huracán Irma. Los grupos daban alegría a los niños los cuales habían perdido todas sus escasas pertenencias. La alegría de ver tanta ayuda, era ver el amor en acción. Aunque, las obras no salvan, pero son el reflejo del amor de Dios en las vidas de los seres humanos que comparten. La benevolencia, el dar de corazón sin agendas escondidas, ni esperar fama o dar el nombre a conocer, sin nada a cambio, son frutos del espíritu de Dios en acción. Además, pone en manifiesto que hay amor de Dios en sus corazones para con los otros...amén.

La idea de ayudar a los necesitados, la traje a la Iglesia en donde iba regularmente para traer comestibles no perecederos comenzando el próximo domingo. Un grupo siempre dispuesto de la Iglesia los llevaría al pueblo de Loíza lo cual había sido muy afectado por las inundaciones. Pero la sugerencia quedó sólo en ideas, pues la naturaleza y el tiempo nos traiciono. Todo sin saber...Irma era un anticipo de lo que viviríamos la próxima semana con María. Pronto, estaría sobre la isla la peor catástrofe histórica y venía con todo, para vivir en carne propia lo que sufrieron las Islas vecinas. Irma era la antesala de la destrucción que vendría sobre Puerto Rico. Los acontecimientos eran un toque de alerta para despertar y salir del área de comodidad acostumbrados a vivir con las necesidades básicas satisfechas, de un techo, ropa y comida...hasta que faltó: la luz, agua, gasolina, televisión, cajeros automáticos, celulares, Internet, juegos electrónicos y sobre todo la comida...la incertidumbre en la oscuridad y la lluvia arropó al pueblo de Puerto Rico…

Capítulo 3

Huracán José

De pronto, escuché el rumor de la posibilidad de la isla estar en la trayectoria del paso de otro huracán con el nombre de *"José."* El Negociado del Tiempo en pleno auge de la información resaltaba la trayectoria de José con lujos de detalles. Por otro lado, los reportes de la climatología en los noticieros locales hablaban pesimistas de la trayectoria eminente del huracán José que seguro pasaría por la Isla.

El huracán José se formaba en las aguas cálidas de África y tenía una alta probabilidad de llegar a las costas de las Islas Vírgenes, hacia Puerto Rico, tocando tierra en las Antillas Mayores de Cuba, Santo Domingo y Haití.

Mientras tanto, para aliviar la preocupación decidí pintar cuadros y olvidarme de lo que sucedía afuera. Puesto, que la idea de un huracán me causaba demasiado estrés. La pintura hacía poco la había retomado gracias a la inspiración e motivación de la gran pintora aguadillana; Jenny Cruz, maravillosa y talentosa ser humano. Ella dedicada a promover la cultura puertorriqueña lo hacía través de sus hermosas pinturas. Ademas, ella organizaba actividades con los artesanos locales y pueblos adyacentes. En su programa radial de los martes, *"Despertar Artesano,"* era una plataforma para exponer los artesanos y las artes en general. Jenny Cruz definitivamente es una héroe de la cultural puertorriqueña. ¡Gracias, por ser la portavoz de los artesanos quienes dejan sus dedos desgastados en sus maravillosas creaciones, los escritores que escriben con el corazón rompiendo mas de una regla gramatical con tal de plasmar las experiencias de un pueblo para no olvidarlas, la música típica que no muera y siga alegrando siempre el alma de un pueblo. Además, de los coloridos pintores puertorriqueños con las estampas inolvidables de nuestro pueblo.

Mientras tanto, el huracán José seguía su trayectoria negándose a morir dando vueltas en el mismo sitio alimentando sus entrañas para tomar fuerzas.

Después de varios días, fue un gran suspiro saber que ya no sería peligro para Puerto Rico y las demás Islas. José se alejaba de nuestras costas aunque asolaría por la trayectoria al país lejano de Iceland. Un país localizado arriba al norte del continente de Norte América. Una región acostumbrada a tormentas invernales y temperaturas gélidas. Así, siguió José lento, pero firme paso mientras las noticias saturaban con el tema de José.

Sin embargo, tal fue mi enojo al aparecer en las redes sociales algo que me pareció un chiste de tan mal gusto. Sobretodo, una gran falta de respeto lo cual me irritó en gran manera. Alguien muy ocurrente, plasmó en un mapa mundo, tres nombres los cuales me quitó el aliento y desapareció la sonrisa de mis labios. !Ay, como me dolió ver esa imagen! En un círculo apareció hacia el norte el nombre de *José,* hacia el sur cerca de

África el nombre de *María* dentro de otro círculo. En las Antillas sobre Puerto Rico un círculo con la substitución del nombre, *"Pesebre."* En el momento, no entendí el mensaje, sólo interpreté los tres nombres Bíblicos por hacer referencia a José aún activo por algún lugar del mundo. Todavía para este momento, desconocía totalmente que se había formado otro huracán llamado María. La comparación atmosférica, no la entendía, sino la interpretación fue desde el punto de vista religioso y para mi entender era de carácter burlón. Si era un chiste...no fue nada chistoso para mi. Sinceramente, me sentí indignada por la falta de respeto al Pueblo Cristiano. La utilización de personajes de la Biblia, sin titubear tomados en vano para tantas sandeces era indignamente y un bajo golpe. Además, en mi cabeza no podía entender como personas sin escrúpulos utilizaban una broma sobre una isla viviendo su peor momento histórico por la cuestión de la "Junta Fiscal" y la deuda millonaria en el presupuesto. En el lente del Senado en Washington, DC; la Isla gozaba de poca credibilidad y poder de convencimiento.

Lamentablemente, los gobiernos son juzgados por los principios de la economía y por los principios de carácter, de honradez y liderazgo reflejado en la trayectoria del mandato. De pronto, vino a mi mente el refrán que solía decía mi padre, Don Dionisio Milán, *"hacen leña del árbol caído."*

Gracias a Dios, José se alejó de nuestras costas y terminó el peligro que asechaba para las Islas y tampoco causó estragos al norte por haber perdido fuerzas. José salió de mi vida para siempre y qué alivio…

Capítulo 4

Viene María

"Viene María," insistentemente escuché a mi esposo decir varias veces, pero las palabras rebotaban y se perdieron en sí mismas. En cambio, me alejaba sin poner mucha atención y peor todavía sin la menor intención de hacerle caso la supuesta broma. Puesto, nunca lo tomé en serio. ¿Cómo poder hacerlo? !Apenas, Irma acababa de pasar y José se alejaba y aún eran la noticia del día!

Entonces, en el momento menos indicado, mi esposo, un hombre bohemio de personalidad jocosa se le ocurrió nuevamente hablarme de María. *"Viene María"* me dijo en repetidas veces cantando en forma de salsa. Hasta se volvió salsero. En cambio, yo a la defensiva respondía con una mirada penetrante mientras me alejaba molesta. No podía imaginar como él también se unía a la "bromita" de tan mal gusto. Entonces, opté por ignorarlo y nunca le creí que realmente venía un huracán llamado, María.

Mientras tanto pensaba, *"¡Que cosas se le ocurre a la gente, primero José y ahora María!"* Estaba realmente convencida que era una broma de parte de mi esposo el cual se había unido a la mayoría de la gente. Puesto, es mas fácil unirse a la mayoría que ser diferente. *"Tú eres un hombre mayor de edad para estar usando la Biblia en vano."* Ahí quedó el nombre de María y en la casa no se volvió a mencionar.

Durante el fin de semana, decidí desconectarme de las noticias, además del informe del tiempo. Los noticieros saturaron las ondas radiales y televisivas con tantas imágenes deprimentes. El huracán Irma llegó a un punto me afectaban emocionalmente por la impotencia de no poder cambiar la situación.

Luego, cambié radicalmente el canal de televisión como solía hacerlo en los fines de semana sintonizando el Canal Seis del Gobierno. El canal tenía una programación diferente con diversidad de temas, entrevistas y conciertos espectaculares con artistas del patio y a nivel internacional. El canal del Gobierno se distinguía por ser educativo y enfatizaba en la historia de Puerto Rico que tanta falta hace aprender. Las películas singulares; como La Llamarada de Enrique Laguerre que exponían temas de perjuicios sociales, raciales, abuso laborales y otros temas de gran interés sociocultural. Sobretodo, los programas encabezados por artistas estelares del ayer y contemporáneos desplegaban sus talentos con elegancia y veracidad. También, el canal ofrecía variedades de conciertos con la Orquesta Filarmónica de Puerto Rico. Los espectáculos musicales enriquecían el intelecto, versus las chabacanerías y monopolios de otros canales con la misma programación y los mismos artistas sin dar oportunidad a nuevos talentos. Además, estaba la mediocridad en la calidad del mensaje con el lenguaje de doble sentido empobreciendo el espíritu del Pueblo y el lenguaje del Español. Me hacía recordar el sistema del gobierno Español que sometían al pueblo con las tres B...*botella, baile y baraja.* Tal como dice la Biblia, *"Mi Pueblo perece por falta de conocimientos."*

Sin embargo, llegó el domingo, mi día predilecto del resto de la semana, el cual no lo comprometía por nada ni con nadie por la sublimidad que inspiraba buscar de Dios. Aunque, la búsqueda espiritual debería de ser siempre y no sólo los domingos, como lamentablemente suele suceder. De todas formas, acudí al templo como de costumbre, parafraseado la Palabra: Instruye al niño en la Palabra y cuando adulto no se apartara de ella.

El pueblo de Aguadilla tenia una gran peculiaridad en referencia a las Iglesia. En Aguadilla hay doce iglesias Presbiterianas y una capilla en proceso de convertirse en Iglesia. Además, de las múltiples otras denominaciones que abundan en la cuidad. Uno de las Iglesias, era el hermoso templo de la Iglesia Presbiteriana en el barrio de Maleza Alta.

Mi bisa-abuelo Don Pedro Milán había donado el terreno para dicha construcción, Lugar en donde aprendí amar a Dios desde muy niña, y ahora regresaba a la Iglesia, en calidad de adulta. En el 1905, fue establecida la histórica iglesia de Maleza. Hoy día, cuenta con muchos años de servicios a la comunidad. La Iglesia de Maleza junto a la Iglesia Presbiteriana de Montaña, los llamados *"Bíblicos;"* un grupo de americanos en el 1899, trajeron el evangelio al barrio y toda la área del noroeste.

La Iglesia quedaba a unos pasos de la casa de mis padres, en donde residía junto a mi esposo temporalmente mientras terminaban la construcción de la que hubiera sido mi hogar, sino fuera por el huracán María.

El domingo, el culto se desarrolló siguiendo el protocolo del orden en el programa establecido para cada domingo. En esta ocasión, el Reverendo Egmilio Gónzalez fue el encargado de exponer la Palabra. Un Pastor al cual le tengo un gran aprecio, como a su esposa Celia y a la familia pastoral. En los labios del Reverendo Gónzalez fue por primera vez cuando escuché las palabras que impactaron mi vida, *" Dios nos atrae con cuerdas de amor."* En seguida, yo hice una película en mi mente y veía a Dios moviendo las cuerdas de un columpio llenas de flores hermosas atrayéndome hacía Él… Palabras que en los momentos de soledad y dolor retumbaron en mis oídos para darme ánimo y esperanzas. Porque, nunca sabemos el alcance ni las repercusiones de la Palabra que no retorna atrás vacía. Además, el Pastor fue quien por primera vez depositó en mis manos el instrumento de alabanza del pandero, el cual utilizo hasta hoy día.

De pronto, el Pastor al terminar de exponer las Sagradas Escrituras, mencionó para sorpresa mía algo que cambiaría el rumbo de la historia. *"Prepárense hermanos y mucho cuidado, ya es oficial el paso del huracán María, llegará a la Isla de martes por la madrugada o el miércoles. Volveremos a reunir el próximo domingo, Dios mediante."* El domingo nunca llegó...perdí la noción del tiempo y todo se volvió oscuro.

!No lo podía creer! Inmediatamente, miré sorprendida a Leonides, mientras él me enterraba el codo en mis costillas y con sus ojos me gritaba, *"Te lo dije."* Lo miré un poco avergonzada y susurré sutilmente entre dientes, *"trágame tierra."*

Sólo alcancé a decirle en inglés, *"I'm sorry."* (lo siento)

Al salir, apenas crucé palabras con los feligreses del apuro de llegar a la casa para asimilar la noticia y tranquilizar los bombardeos de los pensamientos que estallaron en mi mente. La preocupación dibujada en el rostro y con el ceño fruncido, llegué a la casa. Una vez en la casa, di rienda suelta al estado de confusión que me embargaba, mientras preguntaba, *"¿Cómo era posible?"* Irma apenas salía de nuestras costas y la Isla aún estaba en estado de recuperación. Una vez que asimilé la idea que realmente venía María, comencé de inmediato la tarea de los preparativos para recibir a otro huracán. El tiempo que había entre los dos huracanes era apenas un lapso de dos semanas.

Aunque, Leonides y yo vivíamos solos teníamos muy buenos vecinos alrededor como: Tete Cabán, Doña María; junto a su esposo Samuel, Joey y su esposa japonesa; quien se esforzaba por aprender español, junto a su hijito querido Jay de apenas tres años. En   muchas ocasiones, los vecinos fueron mi paño de lágrimas y consuelo. También, confiábamos en Dios, nuestro amparo y fortaleza. Además, me sentía afortunada, pues tenía a mi querido sobrino Wilson Cuevas, conocido por "Willie" uno de los pocos familiares de sangre que me quedaba en la Isla. Willie trabajaba en San Juan y no podía depender de él por sus compromisos laborales y personales.

La familia se había desintegrado por los distintas partes de los Estados Unidos haciendo sus vidas y como todos, *"buscando el sueño americano."*

Mi hermana Ruth junto a su esposo Joe y los sobrinos estaban esparcidos en Texas, California, y Nuevo Laredo. Mi hermana Lillian, visitaba a sus hijos Beto y Lily en Texas y se encontraba fuera del país. Mi hermano Hernán vivía en Nueva Jersey, junto a su esposa Adel. El otro hermano, Milton vivía en Florida, junto a su esposa Yolanda. Los viejos como cariñosamente, llamaba a mis padres; Dionisio y Nora habían partido a morar con Dios, ya algunos años. Los muchos primos y primas que aún vivían en Puerto Rico no estábamos en mucha comunicación por falta de tiempo o por negocios y trabajos de horarios complicados. Algunos, vivían lejos en distintos lugares de la Isla. Por lo tanto, cuando la oportunidad surgía era una gran celebración y alegría vernos para compartir juntos las añoranzas de los viejos tiempos como familia.

En los momentos del huracán, sólo tenía cerca a mi sobrino Willie y a su novia Nélida Calaff, a quienes tengo mucho que agradecer, pues estuvieron pendientes de nosotros en los momentos que mas necesitamos…*"porque tuve hambre me distes de comer cuando tuve sed me distes de beber" Mateo 25:35*

Dios siempre pone ángeles cuando menos lo esperamos y Willie fue para mi ese ángel. A través, de Willie, fue el único vínculo de comunicación con mis hermanas y hermanos fuera del país. Además, Willie fue mi paño de lágrimas en los momentos mas difíciles.

Entre los preparativos de María, mi sobrino se percató que no tenía en donde cocinar por tener una estufa eléctrica. Entonces, sin nadie pedirle o decirle se apareció con una estufa portátil de dos hornillas de gas propano al darse cuenta la forma de cocinar mientras sufrimos los infortunios de Irma. Él estaba claro con el refrán que dice, *"Barriga llena...corazón contento."*

La estufa fue una gran bendición, aunque yo tenía miedo de prenderla, puesto el tanque pequeño de gas estaba cerca de la hornilla. El trabajo de prender la estufa portátil le tocó a mi esposo, quien gustosamente lo hacía. Aunque, una que otra vez, hacía una explosión con la boca para asustarme y verme salir espantada. En verdad creo, fue la forma chistosa de cobrarme por no creerle que venía María.

El próximo paso era buscar los alimentos para cocinar. *"Aquí fue cuando la puerca tronchó el rabo,"* como dice el refrán de campo adentro. Sin pensarlo dos veces, fuimos al mercado local. Me pareció extraño en el mercado casi ni habían autos estacionados. Sin embargo, caminé de prisa hacia la entrada principal con un presupuesto de viente dólares. Para mi sorpresa, no había mucho para escoger, pues los anaqueles ya estaban sin los artículos de primera necesidad como: las velas, fósforo, baterías para la linterna portátil, aceite para el quinqui, agua embotellada, galletas y otros alimentos no perecederos. Intentamos comprar, pero no había absolutamente nada que comprar. Entre los pocos artículos, compré una docena de huevos y un jugo de tamarindo aparentemente que nadie quería, por necesitar refrigeración. El jugo se tomó caliente y los huevos duraron dos días. Entonces, llegó la preocupación los huevos estuvieran dañados con la bacteria de la salmonella terminando en el zafacón.

Varios factores influyeron tener tan pocos alimentos: primero apenas terminaba de pasar el huracán Irma y segundo no tenia conocimiento que venía María. Además, por la poca experiencia de prepararse con los artículos de emergencia. Los artículos de primera necesidad debían tenerse de antemano guardados en algún rincón de la cocina como lo hacían las abuelas precavidas. Por último y para colmo, el presupuesto disponible era sumamente limitado porque cobraba precisamente el próximo miércoles

Entonces pensé, *"Mi pensión llegara en varios días después del huracán y con la tarjeta ATH sacaré el dinero o pagaré con la tarjeta todo lo necesario en el mercado."* El pensamiento optimista me acompañó a dormir esa noche. Sin imaginar, el caos de no tener sistema para retirar dinero nunca antes vivido, me pondría en una situación precaria de mucho riesgo y sufrimiento.

De los viente dólares del presupuesto, echamos cinco dólares de gasolina, pues todavía estaba disponible. Aunque, el carro no marcaba la cantidad de gasolina, siempre se le echaba algo por la incertidumbre de no saber. !Hasta ahí llegó el presupuesto para María! Todo esto sin saber que pronto, la gasolina se convertiría en oro…

 Al llegar a la casa tranquilos echamos agua en cuantos envases se encontraron para llenar, los seis gallones, varias ollas, unas dos cacerolas y hasta vasos pareciendo suficiente por la falta de experiencia. En esos momentos, no hubo preocupación alguna, pues quedaban algo de latas de comida y seis botellas de agua sin usar de Irma. ¡Todo parecía estar bajo control!

Aparentemente, estábamos mas que preparados bajo las circunstancias para recibir el nombrado huracán que ya se acercaba a pasos gigantescos.

Mientras tanto, el gobernador en su integridad como líder justo y con una gran responsabilidad social de informar al Pueblo, hacía lo propio, junto a los directores de distintas agencias gubernamentales. Ellos pedían a los ciudadanos que fueran a los albergues en especialidad aquellos en las zonas identificadas de inundación.

Uno de los directores, exhortaba abandonar las casas de madera, pues aseguraba no iban a sobrevivir los recios vientos del huracán. El anuncio era mas una súplica para desalojar las casas de madera, pero debía de serlo de inmediato. *"Si usted vive en una casa de madera y techo de zinc tendrá que desalojar de inmediato, no espere el último momento," insistía el portavoz.*

Por último, el Gobernador Ricardo Rosselló, volvió al micrófono para dar tranquilidad y confianza, al Pueblo que escuchaba atentamente. Las largas horas de coordinación dibujadas en su rostro demacrado, reflejaba el cansancio y la preocupación. De inmediato, el gobernador dijo... *"El paso del huracán María de categoría cinco es eminente sobre la Isla de Puerto Rico...Dios bendiga nuestra Isla..."* fueron las últimas palabras que recuerdo del Gobernador, quien no se despegaba del podio informando al Pueblo, mientras hubo comunicación. De pronto, el televisor quedó a oscuras y un ruido ensordecedor invadió las ondas de comunicación. Desde, ese momento la comunicación cesó por completo por semanas. Inmediatamente, mi esposo y yo cerramos todas las ventanas y puertas encomendados a Dios, todo Poderoso. Mi corazón estaba tan acelerado que parecía mil campanas repicando en mi pecho a punto de estallar. Cada uno, volvimos a examinar todo por última vez. Las cuerdas y alambres en algunas ventanas cerraban unas con otras por dentro, esperanzados que se mantuvieran cerradas durante el huracán. Luego, sentados cada uno en un sillón de madera comenzamos a orar, pero el llanto ahogó mis palabras y no pude terminar la oración. Estaba completamente aterrorizada. Como dice el refrán, *"No es lo mismo llamarlo…como verlo venir."* Sólo quedaba esperar por la furia de María y no se hizo esperar…

Capítulo 5

Llegó María

Una vez la puerta se cerró…no había como volver abrir, hasta el día siguiente cuando la presión del viento dejó de golpear. Así, sucedió cuando el huracán María, llegó de súbito alborotando el gallinero y el avispero. Sólo, se escuchaban ruidos de árboles y ganchos rompiéndose y avalanchas de artículos volando por doquier. Los artículos convertidos en cohetes y armas peligrosas por la fuerza implacable del viento. Aunque, antes del huracán, los vecinos al igual que nosotros, recogimos los alrededores de las casas los artículos que pudieran convertirse en un proyectil peligroso.

Aunque de todos modos, las macetas pesadas hechas de cemento se rompieron y volaron en pedazos como plumas livianas. Las planchas de zinc convertidos en torpedos sumamente peligrosos se escuchaba viajando por la vecindad. Sólo, se oía el rugir de la destrucción afuera bailando con el viento hasta el amanecer.

En medio de la oscuridad, se oían ruidos y golpes extraños imposibles de identificar haciendo saltar del susto. El problema aumentó al agua filtrarse por debajo de las puertas y ventanas sin dar tregua. Al principio, el trapiador era suficiente para recoger el agua ya acumulada. Luego, ni dos escobas daban a vasto para sacar el agua, pues entraba mas rápido de lo que salía. El piso de losetas en cemento tenía como un pie de agua acumulada. Mientras, Leonides y yo, cada uno por su lado, sacábamos el agua sin hacer grandes avances. Entre los dedos de mi mano derecha, salió una ampolla de tanto bombardeo de agua, por cierto muy dolorosa. Mientras, mi esposo se resbaló y rompió los espejuelos al caer en el piso de losetas. Gracias a Dios, no se rompió un hueso.

Durante el huracán, el agua cayó a cántaros hacia adentro de la casa sin dar tregua para descansar. Así, estuvimos casi toda la noche enfrascados en la lucha hasta el cansancio. Al fin, el agua nos ganó la partida. Una vez amaneció, nos dimos por vencidos y subimos los pies para descansar un rato para luego del café retomar la tarea. El huracán siguió su curso sin detener su furia por largas horas. El baño estaba designado si una de las ventanas o puertas cedía para resguardarnos por tener una ventana pequeña. En varios momentos, estuvimos a punto de correr a escondernos al baño, pero gracias a Dios no hubo la necesidad. Siempre, hay que estar preparados y tener un plan B por si falla el primer plan A. Aunque, a veces nunca se sabe, ni en el baño se salva uno, como le sucedió a muchos.

De todos modos, el huracán María continuó su asecho y mas o menos a la diez de la mañana, comenzó a ceder los vientos. Mi esposo y yo pensamos que por fin todo había terminado y abrimos la puerta con mucho cuidado. Para sorpresa, hubo un momento de bonanza en donde el cielo estaba despejado como si nada hubiera pasado. El cielo mas claro que nunca estaba sin nubes a lo lejos. Una quietud indescriptible se asomó en el horizonte casi electrizable. En el barrio salimos todos maravillados, alegres que por fin el huracán había terminado y estábamos fuera del peligro.

 Los vecinos saludaron, mientras todos salimos de las viviendas para echar un vistazo alrededor para percatarse de los daños. Algunos árboles, habían caído y los poste de luz todavía estaban casi intactos. Todos estábamos contentos, pues aparentemente había terminado el azote de María. Las expresiones de alegría eran evidentes. Los vecinos al igual que nosotros, sólo sufrimos con el agua dentro de las casas.

Entonces, intercambiamos comentarios sobre la preocupación de daños causados por el huracán en el resto de Puerto Rico. Todos, estábamos agradecidos de Dios por estar bien pensando que lo peor había pasado. Las ramas y ganchos estaban por todos los patios y una que otra plancha de zinc se divisaba por la área.

De pronto, mientras hablábamos felices de haber terminado la odisea de María, sucedió algo que nos hizo correr a todos hacia las casas. De momento, el cielo se oscureció y empezó a caer relámpagos y truenos uno tras el otro. Apenas, dio tiempo para correr hacia la puerta la cual no cerraba por la presión del viento que incrementada por segundo. Una vez, en la casa, cerramos las ventanas y tuvimos bajo esas horribles condiciones por largas horas. Al otro día, por fin el huracán salió completamente de la Isla.

Después, nos enteramos aparentemente esos momentos de sosiegos, era el ojo del huracán que salió por Aguadilla, seguido de vientos con fuerzas huracanadas peor que la noche anterior.

Otros decían que era la virazón de la tormenta había cambiado con mas fuerzas la dirección de los vientos. Entonces, con la virazón empezó nuevamente el huracán mucho mas violento y aterrador que antes. Las puertas y las ventanas temblaban por la fuerza del viento y las lluvias pensando que se iban a despegar.

Esa noche, bajo la luz de las velas que me había dado mis vecinas Tete y María, pues no quedaban velas por ningún lugar, nos pusimos a orar.

Mientras, oraba pasó algo en el mundo espiritual que jamás anteriormente había experimentado. Leonides y yo cerramos los ojos y empezamos a clamar a Dios, por lo que estábamos viviendo en esos momentos de terror. Cuando de pronto, tuve una visión y sentí al Pastor de Florida; Ricardo Rodríguez; de la Iglesia Centro Internacional de la

Familia, en la ciudad de Deltona, en Florida, orando en forma audible por nosotros y por todo el Pueblo de Puerto Rico. Por un momento, me sentí transportada hasta la Iglesia en Florida y vi al Pastor junto su esposa Miriam y los hermanos completamente entregados a la oración levantando las manos y clamando por Puerto Rico. La experiencia me llenó de mucha paz asegurando que no estábamos solos. Un grupo de hermanos estaban en comunión con Dios y espiritualmente con nosotros. Luego, al regresar a Florida, el Pastor me confirmó que efectivamente la Iglesia estuvo orando por nosotros y todo Puerto Rico. El culto fue dedicado a la intercesión por los afectados del huracán, para la pronta ayuda y restauración de la Isla.

No tengo palabras para describir el terror que vivimos esa noche al igual muchas otras noches durante el huracán María, pero esta vez sentimos tranquilidad en medio de la tormenta. Dios me había dado una visión durante el huracán Irma basado en este pensamiento y lo plasmé en una pintura simple, pero con un mensaje de lo alto. Durante el huracán María, me aferré a la visión la cual comparto con los lectores. *"Paz en la*

Tormenta."

Luego, con cautela salimos fuera de la casa esperando lo peor, después de escuchar tantos sonidos de demolición extraños, fuera de la normalidad. Esta vez, salimos cabizbajos, como en un trance, sin casi cruzar palabras impactados por las escenas de devastación que se veían por doquier.

Efectivamente, el barrio parecía una zona de guerra casi irreconocible. Los postes de luz estaban las cablearías enredadas con la mayoría en el suelo y otros doblados casi por caer. Los árboles frutales y de sombra estaban totalmente derivados en el suelo. Las raíces estaban por fuera arrancados con furia de las entrañas de la tierra.

Las casas de madera yacían destrozadas en sus simientes en los patios de otros vecinos. Las planchas de zinc habían tomado vuelo, no sé   a donde. Tal parecía, había estallado la bomba de Hiroshina en suelo Boricua. Apenas, podía hablar y mis ojos se llenaron de una nube de tristeza al ver la destrucción que me ahogaba.

Enseguida, Leonides y el vecino; quien vivía detrás de la vivienda, con machetes en manos comenzaron a cortar los troncos de los árboles caídos, puesto la entrada estaba totalmente inaccesible. Poco a poco, otros se añadieron a la tarea de cortar los árboles mientras algunos ayudaban en el recogido de los escombros.

Los ranchos en la parte posterior hechos con madera sólida por mi padre que sobrevivieron los huracanes Hugo y Georges, esta vez con María se demolieron por completo. Ahora, sólo quedaban en los recuerdos de los álbumes en las fotos familiares. Algo, pasó en mi interior, envolviéndose en una profunda inexplicable tristeza. Estuve llorando por semanas sin consuelo, las lágrimas salían solas sin poder detenerlas. Muchas noches, las pesadillas acecharon y los gritos se escucharon en casa de los vecinos. Especialmente, lloraba cuando miraba alrededor y lo único que veía era total devastación por doquier. Apenas, no podía hablar y todo lo resolvía con llanto. Todavía, tiendo a llorar sin querer por el simple hecho de recordar. Para colmo, los cristales del auto se hicieron pedazos para empeorar la situación.

Hubo momentos en donde cuestioné mi fe. Me sentía tan triste que ni en la Iglesia me sentía bien. Todos daban gracias a Dios. En cambio, yo no tenía fuerzas ni siquiera para dar gracias. Aunque, estaba agradecida por estar viva, después de vivir aquel feroz ataque de la naturaleza. En la iglesia, me tocó el turno de hablar y dar gracias a Dios. Por primera vez, en la vida quedé sin palabras en total silencio y lloré aún mas. Nadie entendía mi dolor ni que me sucedía. Realmente, fue un momento muy incómodo que ni yo misma lo entendía.

Gracias a Dios. esa misma tarde me encontré con una gran mujer de Dios, la Reverenda Zoraida Ramos Román; de la Iglesia Presbiteriana Emaús, del barrio Corrales en Aguadilla. La Reverenda me recordó y explicó que todos reaccionamos diferentes ante el dolor y la tragedia. Esto no significaba que había dejado de amar a Dios, sino humanamente estaba reaccionando ante la devastación con profunda tristeza y llanto. Entonces me dijo, *"llora todo lo que quieras hasta que te sientas mejor porque llorar es bueno, este sentimiento de tristeza profunda no tiene nada que ver con el amor que tu sientes hacia Dios. La devastación ha causado mas dolor en ti que a otras personas y nadie puede cuestionar ni tu sensibilidad ni tu relación con Dios, por sentirte triste."* Esas palabras me llenaron de aliento y paz. Entonces, comprendí el sentimiento de dolor que me causaba ver la devastación era normal bajo las circunstancias.

Una, de las cosas que me causaba mucha tristeza era no poder comunicarme con mis dos hijos. Después de varias semanas, me comuniqué con mi hijo mayor Leonardo y luego con Jonathan. De inmediato, comencé a sentirme emocionalmente mejor.

Entonces, surgió otro problema. Todo lo que comía me caía mal y no quería comer por miedo a devolver la comida. Gracias a Dios, por la vecina Tete Cabán que de nuevo vino al rescate. Ella hizo sopas lo único en ese momento calmaba mi estómago. Sin embargo, mi esposo quería llevarme al hospital de Aguadilla, pero ya no aceptaban a nadie por razones de salubridad. Entonces mandaban a los enfermos para el hospital Regional de Mayagüez. En un momento dado, hice prometer a mi esposo si algo me pasaba me dejara morir tranquila en la casa la cual había sido de mis padres desde niña. Estaba prohibido llevarme al hospital. El estómago siguió siendo mi problema principal que afectaba mi salud agravado por la falta de agua. Nuevamente, la vecina Tete venía al rescate y preparaba sopas para pasar el doloroso momento. Quizás era psicológico la reacción que experimentaba al comer o ya se había alojado alguna bacteria en mi estómago. La realidad era que no podía comer casi nada. Primero, porque la comida estaba escaseando y me afectaba mentalmente. Segundo, la ATH no funcionaba en ningún lugar y la situación me destrozaba por la impotencia de no poder conseguir dinero precisamente para comprar alimentos. Aunque, hacía largas filas como todos los demás para la ATH, pero cuando iba llegando a la meta, el dinero se terminaba o el sistema se caía. Al otro día, volvía a repetir el mismo ciclo con los mismos resultados.

Luego, casi no había agua potable para cocinar ni tomar. Esto, me causaba terror además de una sed insaciable con el asunto de la escasez del preciado líquido. Al paso de unos días, me aclararon el agua caliente no quita la sed, con razón… !Gracias al matrimonio, de la anciana gobernante Judith Perez y su esposo el diácono Robinson; miembros de la Iglesia Presbiteriana de Maleza Alta! Ellos me dieron varios gallones de agua fría para saciar mi sed. Una tarde, sin proponerlo cuando al llegar al frente de su casa inesperadamente, pues había un enorme árbol tirado en el camino detuvieron mis planes de seguir por la calle. Entonces entré a saludarlos y compartir un rato. Ellos tenían un generador con una gran reserva de agua fría la cual compartieron con nosotros. ¡Además, de la buena plática, oramos juntos unos por otros, me regalaron dos galones de agua fría, siendo de gran ayuda y bendición!

Sin embargo, no siempre conseguir agua fue tan fácil. Un sábado, tenía tanta sed que mis labios estaban secos y ya eran como las séis de la tarde. Pronto, iba a oscurecer. Después de recorrer las calles buscando el camión con la cisterna de agua potable del municipio, pues se movía a distintos barrios los fines de semanas. Ya estábamos a punto de darnos por vencidos e irnos a casa. Primero hicimos la lucha y fuimos a los supermercados y tiendas locales, pero sin fruto alguno. Ya casi rendidos y con mis labios secos como si hubiera pasado un día bajo el sol candente. De pronto, llegó mi sobrino Willie con un botellón de agua y tal parecía haber visto la Gloria de Dios. Me desplomé a llorar sobre él sin consuelo. *"Ya, Titi,"* me decía," y mas lloraba. No sé, si fue su ternura o la impotencia de no conseguir agua para mitigar la horrenda sed, ni tampoco para bañarse con la *"manita de gato."*

En la casa había una caja de agua construida por mi padre. El agua estancada por largo tiempo se usaba para bajar los baños, por miedo a estar contaminada por bacterias. Intentamos, echarle el desinfectante común, pero se nos fue la mano. Aún así, seguimos usando el agua de la caja para bajar los baños.

Hay muchas anécdotas de como se sufrió por falta de agua. El agua fue lo mas difícil conseguir para casi todos en la área.

Luego, nos dimos a la tarea de conseguir agua de un oasis estacionado en el Parque de Canela Marqués, en Aguadilla. Mi compañero del aula de la escuela Suresa Internacional, el Señor Luciano; maestro de Español y gran músico, me indicó donde se encontraba la cisterna del municipio durante la semana. Varias veces a la semana, traíamos suficiente agua para compartir con otras personas imposibles de llegar al lugar. Por fin, no había que adivinar donde estaba el camión del agua. La cisterna de agua potable estaba sirviendo al pueblo, cortesía del municipio de Aguadilla y el honorable alcalde Carlos Mendez, en conjunto con el departamento del Acueducto. ¡Gracias!

Las personas en busca de agua se las ingeniaban y no era para menos, pues conseguir agua era conseguir oro. Las filas eran enormes y las personas llevaban cantidades exorbitantes de galones amarados con sogas. Además, de neveras de playa y cuantos envases plásticos sostuvieran agua. Hay que destacar que las personas encargadas de la distribución del agua, servían al pueblo con ahínco, además de mucho amor y respeto. En una ocasión, impresionada por la incansable labor tan diestra sin perder un segundo, ni menos desperdiciar una gota de agua, pedí un aplauso para los incansables trabajadores. Las personas en fila pacientemente le dimos un fuerte aplauso de agradecimiento a los trabajadores y las gracias por suplir la necesidad del agua. Daba gusto ver como algunos de los trabajadores ayudaban a los mayores de edad y a las mujeres que apenas podían cargar los pesados envases hasta los autos. Realmente, era una labor admirable, el buen trato combinado con la gran paciencia hacía el público. En otra ocasión, observé a un desamparado llegar con dos envases de plástico realmente sucios y una de las trabajadoras los llevó por el lado del camión, lavarlos bien y los entregó llenos de agua. Por un instante, su mirada se topó con la mía y sin pronunciar palabras con la mirada y una sonrisa se lo agradecí. Ella simplemente sonrío e hizo un gesto con su cabeza continuando el arduo trabajo.

Estos son los verdaderos héroes silenciosos que dieron la milla extra, aunque quizás algunos cobraban por su trabajo… pero el que trabaja es digno de su salario y otros eran voluntarios. El amor, el deseo de servir y la calidad humana que se sentía… en la cisterna localizada en Canela Marquez era palpable. ¡Gracias!

La gasolina fue otro elemento que sacó al pueblo de Puerto Rico de las casillas, pues se convirtió en un grave problema y dolor de cabeza para todos. Antes del huracán de pronto, el pueblo salió a las calles a buscar gasolina para prevenir en caso de escasez y no se equivocaron. Al salir la mayoría de autos en búsqueda de gasolina agudizó la escasez. No se conseguía gasolina por ningún sitio, ni siquiera, en las gasolineras acostumbradas a patrocinar. Pronto la escasez fue parejo para todas las gasolineras. Después, del huracán no había gasolina y si, había las filas eran kilométricas. ¡La gasolina se convirtió en el mas valioso liquido aun mas que el oro mismo!

A la semana, de pasar el huracán, empezó a preocuparnos la cuestión de la gasolina. Aunque, en los primeros días no salimos por las condiciones peligrosas de los caminos locales. Las tantas arboladas en el suelo y postes de luz derrumbados hacían el paso muy difícil. Los impresionantes transformadores parecían sacados de escenas galácticas de las películas de Holywood.

Sin embargo, comenzaba la comida a escasear. Por miedo, a quedarnos sin gasolina no íbamos lejos por no tener suficiente gasolina. Ahora, había que buscar un banco con servicio de ATH para precisamente comprar gasolina. De pronto, nos dimos cuenta que la comida, el agua, la ATH y la gasolina iban juntos de la mano. Días enteros pasábamos en filas ya sea para agua, comida y otras veces para la ATH. La falta de los servicios básicos había cambiado mi vida, al igual que para miles de Boricuas. Todos los días, se hacían filas por distintas razones. Sin embargo, no podía seguir bajando al pueblo sin echar gasolina al carro. La verdad que no tenía un centavo en efectivo. La última vez que había echado gasolina fue de un residuo del recipiente de la podadora que mi sobrino Willie trajo para aliviar mi angustia. !Que situación tan desesperante!

Luego, un día una abuelita conocida cariñosamente por Doña Nelly, muy querida por cierto, la había conocido en la Escuela privada de Suresa

International, localizada en el ramal de la carretera ciento diez, en Aguadilla. La escuela privada se mantenía cerrada hasta nuevo aviso con grandes daños a la propiedad, sin luz y con un transformador desplomado en la misma entrada sumamente impresionante por la peligrosidad. En la escuela daba clases de inglés y tuve el privilegio se compartir con los padres y familiares de los estudiantes. Ese día, coincidí con Doña Nelly en la escuela saludando a la directora de la institución. De pronto, Doña Nelly quiso ayudarme al conocer mi problema con la gasolina. Ella estaba agradecida por llevarla durante la mañana a conseguir agua al Pueblo de Isabela. Entonces, se ofreció a buscarnos dos galones en un envase plástico apropiado para gasolina que siempre llevaba en el auto.

Doña Nelly había hecho el número cinco en las pompas de gasolina cerca de su casa el día anterior, pues daban turnos para el siguiente día. Mi esposo y yo ofrecimos ir con ella lo cual rehusó, pues tenía todo bajo control con su esposo. Ese día, fue uno de los mas largos de mi vida, por la mañana fui con doña Nelly a buscar agua y estuvimos por largas horas recogiendo agua. En cambio, ella se fue a buscar gasolina, como miles de otros también buscaban el preciado líquido. Por fin, a las nueve de la noche, apareció la abuelita con el cansancio dibujado en su rostro, pero feliz y satisfecha de conseguir gasolina además del agua. Varias semanas después se fue para Florida, con su hija, pero le pido a Dios que en donde quiera que esté sea bendecida y llena de salud por el acto de bondad y amor que tuvo con tanta gentileza hacia mi persona. ¡Gracias por hacer la Palabra una realidad! *"Amarás a tu prójimo como a ti mismo."*

Pasaron varios días, el problema de sacar dinero de la ATH no se resolvía a pesar de los varios fallidos intentos haciendo largas filas en los bancos. La cuñada de mi esposo, Minerva Luciano, quien había perdido a su esposo; Luminado Rivera, un año atrás, vino de visita hasta la casa, pues el huracán lo pasó en su casa en Aguadilla. Esa tarde, compartimos la cena y algunos recuerdos del esposo. En momentos de incertidumbre y soledad, es cuando mas se siente la partida de un ser querido. Gustosamente, le dimos agua y algunas latas de comida. Esa noche, antes de Minerva salir de la casa, sintió en su corazón regalarnos viente dólares al comprender nuestro problema con la ATH. En todo esto, yo veía la mano de Dios, como le había tocado el corazón a Minerva para suplir la necesidad del dinero en efectivo. A menudo, compartimos con Minerva en su casa y fuimos mutuamente de gran bendición.

Al otro día antes de salir el sol, a las siete de la mañana, estábamos haciendo una larga fila para la gasolina. Mientras, hacía fila para hacer el turno en donde nos tocó, como a dos millas de la gasolinera, me reencontré con una gran amiga. Oxali Santo Domingo; una gran joven casada con Luis Ramos, madre de dos maravillosos niños y un excelente ser humano. Ella había sido mi alumna en la escuela bíblica de la Iglesia de Maleza Alta. También, me unía a ella una gran amistad con su querida abuela y hermana en Cristo, conocida como María la O, aunque su nombre correcto es Santa Lao Terrón. Desde niña, María fue muy sufrida y vivió subyugada por una madrastra que gozaba al hacerle maldades en su época de inocencia. La madrastra la obligaba a cruzar un gran matorral de yerba y árboles con bueyes y vacas sueltas para llegar a la escuela y sin tomar el camino principal. Sin embargo, a pesar de todo el miedo y sufrimiento María Lao fue recompensada con un esposo bueno, trabajador, digno representante del hombre Boricua y una familia ejemplar de tres hijas que aún cuidan de su madre ya en avanzada edad. Gracias a Dios, por permitirme conocer a este gran baluarte de mujer conocida cariñosamente como María la O.

Después, de pasar mas de cinco horas hablando y recordando viejos tiempos, Oxali hizo algo que realmente me tomó por sorpresa. De pronto, Oxali introdujo su mano en mi bolsillo y pensé que era su número de teléfono con los datos en Florida, pues viajaba en varios días. Al momento, de percatarme era un billete de diez dólares y lo rehusé de inmediato. Al principio, se me hizo difícil aceptar el dinero. Después, de dialogar y explicarme que Dios se lo había puesto en el corazón de su esposo y de ella acepté la bendición. Entonces, me di cuenta era la mano de Dios que había actuado a mi favor. Los acepté agradecida y me sentí bendecida. !Porque, no es la cantidad, sino la acción de bendecir!

Ahora, contaba con treinta dólares para echar gasolina y me maravillaba de ver como Dios suplía en medio de la adversidad. De todas formas, ahora había que ver si el carro llegaba a la pompa de gasolina o tendría que ser empujado. Los muchachos en los carros delante y detrás de la fila estaban listos para empujar si era necesario. Por fin a las tres y media de la tarde, llegué a la pompa de la gasolinera cansada, pero con espíritu de agradecimiento y bendición. Ahí mismo, abrí mis labios para alabar a Dios y darle gracias que por fin llegué hasta la gasolina. Si, alguien vio a una señora glorificando a Dios en una pompa de gasolina...si, esa era yo, en actitud de alabanza y gratitud.

A veces, creemos hay que hacer grandes proezas para agradar a Dios, y no sabemos las acciones pequeñas y desapercibidas para el ser humano son grandes ante los ojos de Dios. Cada acción hecha con el corazón tiene un gran alcance y repercusión. Una simple acción es el instrumento que Dios usa para bendecir a otros. Porque, no es sólo decirlo...sino esa palabra acompañada de acción...porque con la boca es un mamey… y las palabras se las lleva el viento… como dice mi querida amiga de México querido, Doña Febe De Alva. *"Hay que bendecir a otros para ser bendecidos."* Entonces, sucedió otro milagro que me dejó con la boca abierta. Porque, no era por no creer en milagros, pues suceden todos los días a nuestro alrededor y a veces sin darnos cuenta. Sino, porque precisamente me dí cuenta de inmediato del milagro. Sucedió lo inesperado…La gasolinera usaba un sistema para despachar la gasolina para acelerar el proceso por la cantidad de autos en espera. Primero, se entregaba el dinero al dependiente y él iba adentro a pagar. Luego, él mismo despachaba la gasolina, mientras finalmente, entregaba el recibo de compra. En la pompa entregué los treinta dólares al dependiente. Al regresar, comenzó a despachar la gasolina.

Pasaron varios minutos, cerré los ojos escuchando el fluir del líquido que avanzaba a desplomarse en el tanque como sinfonía para mis oídos, como si supiera habían muchos en la fila por atender. De pronto, escuché una brusca interrupción en la pompa y se detuvo el fluir del líquido. Me sobresalté en gran manera. Lo primero que vino a mi mente, *"¡Ay, no, se acabó la gasolina!"* Entonces. miré al joven con los ojos sobresaltados y pregunté qué pasaba. El abrió los ojos extrañado y respondió. *"El tanque de la gasolina está lleno, lo único que despaché fueron catorce dólares, le devolveré la diferencia del dinero."* !Wao, cuán grande es Dios! Esa tarde, pude ver la mano de Dios en medio de nuestra situación. Con la diferencia devuelta, compramos comestibles, pues ya escaseaban. Dios tiene todo bajo control. Salimos edificados aún en medio de la tormenta...

Capitulo 6

Causas y Consecuencias de María

El Huracán María fue un evento atmosférico y natural de tantas repercusiones sin precedentes que sólo el tiempo dirá a cabalidad los números de muertes directa e indirectamente causadas por el huracán que a ciencia cierta, aún no se sabe. Hay discrepancias con los números que han salido a relucir y lamentablemente, todavía se debate la cantidad de muertos sin ponerse de acuerdo…algo increíble y hasta insólito. Las personas que perdieron las vidas fuera por la razón directa o indirectamente cual sea, durante y después, fueron sin duda alguna causadas por el huracán María.

Todos aquellos que sus vidas se silenciaron por siempre durante este infortunio suceso fueron por causa del huracán María. Aunque, lucharon hasta el último suspiro de sus vidas para sobreponerse al huracán sucumbieron ante la monstruosidad implacable de la naturaleza. Por ende, serán recordados como los héroes caídos durante y después del huracán María.

Aunque, no hay dinero en el mundo que pueda pagar por el dolor causado por una perdida de un ser querido y menos durante estas horrendas circunstancias. No hay tesoros en el mundo que aplaquen el dolor ni remplace a un ser querido que luchó día a día, minuto a minuto por sobrevivir a tal atrocidad.

 Sin embargo, entre tantas lamentables pérdidas de vidas y algún día, se sabrá con exactitud la cantidad, pero casi siempre hay una que nos toca de cerca, pues no estamos exentos al dolor humano. Por lo tanto, hay una muerte en particular que afectó directamente a mi esposo Leonides. Esta muerte causó un profundo dolor irreparable, como suele suceder en todas las muertes de los seres queridos.   Este fue el caso de la muerte de mi cuñado, a quién teníamos en gran estima y admiración. La noticia nos llegó un mes después del huracán que nos causó aún mas dolor. El Doctor Luis Arcángel Rivera López; natural del Pueblo de Adjuntas, murió días después del huracán dejando un gran legado, y un inmenso vacío en la familia.

 Hay que destacar el Doctor Luis Arcángel Rivera López, vivió una vida plena en Dios, dejando un importante legado no sólo como galeno, sino también como autor de dos libros, con una gran contribución a la literatura puertorriqueña contemporánea. Entre sus libros están *"Estos Huesos Vivirán,"* donde habla de su vida desde niño afectado por una condición congénita que le toco vivir, alcanzando sus metas y triunfos a pesar de la enfermedad. Además, este humilde hombre amante de su Patria, se destacó como poeta innato demostrado en los versos coloquiales reflejando las costumbres folclóricas, elocuentemente descritas en su segundo libro, *"Mis Tres Grandes Amores, Dios, Patria y Familia.*

Un hombre brillante de grandes ideales en el tiempo cuando las nombradas carpetas existían y se usaban para perseguir a los que pensaban distintos y estaban en desacuerdo con el gobierno en turno. Aún así, el Doctor Luis Arcángel Rivera

López, se distinguió como loable médico, misionero y extraordinario ser humano dejando huellas inconfundible en los niños en la República Dominicana y Haití. Las madres de los niños que asistían al centro construido para congregarse, recibieron una máquina de coser y telas para ayudar a sus familias, además de ayuda educacional, médica y espiritual. Sin duda alguna, este gran ser humano vivió en carne propia los versos Bíblicos, *"es mejor dar que recibir."*

En Puerto Rico, brilló por ser el primer grupo de estudiantes médicos en hacer la práctica en el Hospital Regional de Bayamón. Luego, se trasladó a vivir en Toa Alta y reabrió el Hospital del pueblo, en donde sirvió como director. El Doctor Rivera López fue reconocido entre los colegas como un excelente médico. Siempre, dio lo máximo de sus capacidades para el Pueblo de Puerto Rico y las Islas vecinas. Sin embargo, el Doctor Luis Arcángel Rivera López fue una de las primeras víctimas de huracán María en perder su vida. Por siempre, la familia y aquellos que tuvieron el placer de conocer a este humilde servidor, lo lamentarán por siempre. El Doctor Rivera López salió de su hogar en Toa Alta, debido a las complicaciones en el cuadro de salud deteriorarse por falta de electricidad, durante y después del huracán. Esto, causado al un enorme árbol caer sobre el generador de su casa. Además, la falta de comunicación con los médicos y la imposibilidad de acceso al hospital por los árboles que obstruyeron el paso por las carreteras locales. Todos estos factores, pusieron su vida en gran riesgo y empeoró la situación. Sin embargo, el Doctor Rivera López fue uno de los primeros en utilizar la ambulancia aérea para salir del país y recibir ayuda médica. La ambulancia aérea salió rumbo a un hospital en Míami. Después, de estabilizarlo, fue trasladado hacia Atlanta Georgia, en donde murió cuatro días después, fuera de su amada Patria. En el momento de la triste partida le acompañaban sus hijos: Arcángel Rivera, gran pianista y compositor, Gil Rivera y hermana Rosemarie, única hija junto a su amada esposa Gloría Hernández, quien nunca lo dejó sólo durante su prolongada enfermedad. ¡Este ilustre hijo de Puerto Rico, murió siendo un héroe de la Patria, por el amor hacia la Isla, sus loables gestas profesionales y contribuciones literarias. ¡Gracias por su total entrega al Pueblo de Puerto Rico a través de su exitosa y desprendida jornada por la vida!

Además, de las perdidas de los seres queridos, hay que enfatizar el factor de las perdidas material causadas por el huracán puesto que hubieron millonadas en estragos materiales. Los que tenemos casas con miles de sacrificios no hay dinero en el mundo que repare el sufrimiento de verlas desplomadas ante nuestros ojos. Sólo los que vieron sus casas desplomadas en el suelo pueden entender este dolor que describo y siento…

Además, fueron tantos otros daños incalculables estructurales como: carreteras, caminos, calles, puentes, viviendas, edificios de servicios públicos y privados ascendiendo a los millones de dólares y aún se están contabilizando.

Tampoco, hay que minimizar las pérdidas totales en fincas, ganados y la agricultura que estaban en total auge. La agricultura estaba viviendo los mejores momentos en la historia, gozando de momentos primordiales en los hogares de la cocina puertorriqueña. Los productos de la gastronomía puertorriqueña tenía una gran aceptación en los mercados locales y del exterior.

Aún, no sabemos como afectará la canasta de productos básicos en el diario vivir, al faltar los productos criollos en las mesas puertorriqueñas, pues poco se salvó con el paso del huracán. Sucesivamente, los productos menores como en las fincas de tomates de Santa Isabel tuvieron suerte y se salvaron, pues aún no era el tiempo de la cosecha. Sino, hubiera sido devastador para el tomate puertorriqueño.

 Aunque, de algo estoy segura, la agricultura puertorriqueña se levantará mas fuerte que nunca. Hay que volver a los tiempos de los huertos caseros llamados los conucos indígenas. Hay que echar raíces en los conucos, como los Indios Taínos para que el sabor casero nunca falte en nuestro hogar. *"¡Boricua es tiempo de volver a sembrar y tener nuestro propio huerto casero!"* Aunque en esta ocasión, con María las huertas caseras volaron quien sabe a dónde. Como dicen por ahí... *"Se las llevó Pateco."*

Hablando de Pateco, quiero contarles como surgió el refrán de Pateco. En el 1899, de acuerdo a los archivos históricos, existió un personaje real con el nombre de Pateco en Puerto Rico. Pateco era un cuidador y sepulturero del cementerio en el Viejo San Juan. Después, del huracán San Ciriaco del 1899, se desarrolló una epidemia debido a la cantidad de muertos durante el huracán. Los muertos siendo tantos los dejaban envueltos o en una caja de madera en la entrada del cementerio. Pateco se encargaba de abrir los portones llevando los muertos, para hacer lo propio. Entonces, cuando alguien preguntaba por la persona contestaban: *"Se lo llevó Pateco,"* entendiendo que había muerto. Así, comenzó este refrán con un verdadero personaje puertorriqueño con base histórica en el huracán San Ciríaco.

Sobretodo, no podemos pasar por alto otro factor de carácter importante para aquellos que vivieron la experiencia de María. Se trata del factor, emocional lo cual es sumamente importante para el bienestar del Pueblo. Al contrario, se debe considerar como afectó a muchos esta dolorosa experiencia. Quizás, nunca vamos a saber los daños emocionales y psicológicos sufrido por el Pueblo de Puerto Rico que vivieron la horrenda experiencia en carne propia. Tampoco, sabemos la cantidad de personas y niños que sufrieron depresiones y quedaron afectadas de los nervios. Menos mal que el tiempo cura muchas heridas, aunque no se olvidan tan fáciles.

Por lo tanto, hay que agradecer el esfuerzo y la abnegación de grupos de médicos y psiquiatras que sintieron el llamado de la Patria en necesidad. Los médicos y psiquiatras ofrecieron sus servicios de terapias y consultas médicas completamente gratis al Pueblo de Puerto Rico. No cabe duda, todos estos médicos, psiquiatras, enfermeras/os son parte de las listas nacionales de nuestros héroes silenciosos.

Entre los médicos, esta el distinguido Doctor José A. Mora Delgado, del pueblo de Isabela. Al otro día del huracán, sin pensarlo dos veces el Doctor

Mora abrió la oficina de consultas médicas con apenas un generador eléctrico para servir a sus pacientes. Mientras tanto, al ver la situación tan apremiante el Doctor Mora acompañado de un grupo de médicos y enfermeras se dieron a la tarea de ir por los campos cada miércoles a distintos barrios de Isabela. La intención era alcanzar y ayudar con las necesidades médicas a los imposibilitados de llegar a hospitales o oficinas médicas.

Aunque, el Doctor Mora era notorio por sus viajes humanitarios fuera del país. Esta vez, utilizó sus experiencias en casos de emergencias para servir a su Patria. Anualmente, acompañado de un excelente y abnegado grupo de médicos, el Doctor Mora acostumbra ir a distintos países tales como: la República Dominicana, Haití, Guatemala o

México. El grupo dirigido por el Doctor Mora, da su tiempo a través de la organización; *Casa de Amor y Misericordia a las Naciones,* para niños y adultos. La organización ofrece servicios primordial de médicos, además de alimentos, vestimenta, educacional y ayuda espiritual. Durante la cuaresma, con una comitiva de loables médicos, enfermeras, maestras, y misioneros salen a distintos países para atender los casos de emergencias tanto físicas como espirituales, enfocados en los niños. ¡Estos son nuestros verdaderos héroes Boricuas dando la milla extra con el corazón sin mirar a quien, *Haz el bien sin mirar a quien!*

Gracias a nuestro héroe el Doctor Mora Delgado, en representación de todos los médicos y servidores de la salud que han dado su tiempo y conocimientos para servir al Pueblo. Reconocemos su esmerada aportación al Pueblo de Puerto Rico, en especial para los damnificados durante María. También, por poner el nombre de Puerto Rico bien en alto en otros países. ¡Gracias!

Tampoco, debemos de tomar en poca estima aquellos hermanos Boricuas que residen fuera del país. Ni mucho menos, debemos ignorar el impacto que tuvo el huracán María en sus corazones. Quizás nunca vamos a saber a ciencia cierta los sufrimientos causados a los que viven fuera en el exterior con familiares en la Isla, pero si debemos de tomarlos en cuenta.

Ellos sintieron el impacto en sus corazones al igual que nosotros en Puerto Rico. De inmediato, los familiares fuera del país se unieron a mandar mensajes de esperanza y solidaridad para el Pueblo de Puerto Rico.

Miles expresaban el dolor a través de las redes sociales siendo imposible la comunicación telefónica. Una, de las personas que se destacó en las redes sociales con mensajes de esperanzas fue Stanley Vicente Clark Muñoz. En su página para los Boricuas ausentes él siempre se había dedicado a mantener sus seguidores al tanto de los acontecimientos en la Isla. Su página mantenía a muchos conectados con eventos de impacto positivos y culturales en Puerto Rico.

Sin embargo, en esta ocasión Stanley Vicente Clark Muñoz utilizó las redes para expresar el sufrimiento y el dolor de los que vivían fuera del país. Stanley utilizó una frase en su página la cual conmovió las fibras del corazón a miles en las redes, *"El huracán María pasó por Puerto Rico y los Boricua que estamos fuera nos pasó por el corazón."* De esta forma, él recogió el sentir de muchos y se solidarizó para manifestar el dolor que sentían por el Pueblo Boricua. Por lo tanto, Stanley es un héroe en las redes sociales durante el huracán Maria, gracias por mantenerte conectado al corazón del Pueblo en donde quiera que estén.

También bellas canciones fueron inspiradas en el amor patriótico mientras desgarante imágenes de vídeos de los desastres causado por el huracán eran transmitidas en las cadenas televisivas a nivel internacional. Al mes, observé varios de los vídeos del sufrimiento de mis hermanos Boricuas y no pude mas que desplomarme a llorar sin consuelo. Aún, al escribir estas lineas tengo un nudo en mi garganta.

De todas formas, el elemento de los vídeos junto a los mensajes apoyando la Isla, impulsó un efecto dominó a miles que estaban en el exterior para tomar acción. Los familiares mandaron cajas de alimentos para ayudar los desvalidos familiares en medio de la catástrofe.

Sin embargo, uno de los primeros servicios además de la comunicación, afectado fue el sistema de correos el cual estaba completamente interrumpido en la isla. Por semanas, los correos estuvieron saturados por miles de cajas recibidas con mas de tres semanas de atraso de la fecha de entrega. El Poblado de San Antonio, en Aguadilla, sin servicio de Internet, y el correo principal del pueblo sufrió daños estructurales manteniendo ambos correos cerrados. La tarea de recibir las ayudas se hizo mas difícil, hasta que eventualmente fue restaurado el servicio.

Después, del huracán literalmente planchar la Isla, sin llegar la ayuda apropiada en tiempo prudente, ni encontrar una solución viable para recobrar las necesidades básicas trajo sus graves consecuencias. Sin ver la luz al final del túnel y los problemas que con llevan un huracán aumentar, en muchas personas por la desesperación hicieron cambios drásticos en sus vidas. Entonces, tomaron la audaz decisión de salir del país y empezar de nuevo aunque con la desesperanza dibujada en sus rostros.

Las filas en los aeropuertos eran descomunales, hombres, mujeres, niños y mascotas pasaban horas esperando un vuelo de rescate. En uno de esos vuelos especiales de recate, salieron mis dos cuñadas de edad avanzada albergadas por una agencia de los Estados Unidos, hacía Colombia; Sur América, en donde radicaba la única hija de una de ellas. De inmediato, la hija hizo los arreglos pertinentes para la salida de emergencia de ambas.

Así como este relato hubieron muchos otros familiares hicieron los trámites de emergencia para sacar a sus seres queridos de la zona de peligro. Hasta el momento, se ha reportado la cifra de trescientas mil personas han salido de Puerto Rico y al estado de Florida han llegado doscientos mil de la Isla y la cifra va en aumento.

Entonces, para dar ánimo a los que estábamos quebrantados en el medio del caos, surgió un movimiento de motivación para la isla. El hermoso lema, *"Puerto Rico se Levanta,"* trajo una nueva perspectiva del cristal con que vemos a la Isla. El lema trajo un nudo a mi garganta y escalofríos al verlo sondeando por los aires escrito a mano, buscando la reacción de la gente. El lema desplegado por doquier contagió a la prensa, la radio y la televisión uniendo a todos en un mismo sentir. Definitivamente, el lema dio tantas esperanzas a un Pueblo quebrantado que atravesaba su peor momento histórico. Este lema siempre será asociado con el huracán María y jamas olvidaremos nos ubico en un sólo palpitar como Pueblo. Sin embargo, me atreví a llevarlo a otro nivel añadiendo un elemento muy importante que hace mucha falta y hace la gran diferencia, *"Puerto Rico se Levanta...con Dios."* Porque sin Dios nada podemos hacer. *" Si el Señor no edifica la casa, en vano trabajan los que edifican ... si el Señor no guarda la cuidad, en vano vela la guardia."* *Salmo 127:1*

Además, las narraciones de testimonios verídicos recibidos de héroes silenciosos de hechos oculares aportaron a entender el fenómeno que vivió y sintió como Pueblo. También, los relatos de las ayudas unos con otros para la sobre vivencia de nuestro amado Pueblo, uniéndonos en un sólo palpitar. Sobretodo. reviviendo la llama patriótica que hace fuerte a un pueblo en dolor.

 María pasará como aquel huracán que cambió el rumbo de la historia de Puerto Rico, su gente, la floresta, la topografía, los números demográficos en los pueblos causando un efecto dominó del éxodo masivo registrado en todos los tiempos de la Isla. ¡Sin embargo, no pudo aniquilar el espíritu luchador y patriótico de su gente levantándose a pesar de las circunstancias, como los árboles de Robles, autóctonos de Puerto Rico!

Desde mi punto de vista, las experiencias vividas marcó un antes, durante y después del huracán. Un antes, viviendo una vida cómoda de conformidad con las necesidades básicas suplidas y necesarias para la sobre vivencia. El ser humano entretenido en el ir y venir de las rutinas diarias. La mayoría acostumbrados a vivir con luz, agua, televisión, Internet, celulares, hasta que de repente todo desapareció.

Un durante, demostrado por la vorágine de la naturaleza en donde se fue con todo contra el ser humano imponiendo la fuerza implacable del huracán. La naturaleza midió fuerzas con el ser humano recordándonos que somos realmente vulnerables. Las fuerzas huracanadas destruyeron casi todo lo que pensamos estaba seguro. Incluyendo, las necesidades básicas y el estilo de vida acostumbrados a vivir, volviendo la Isla cien años atrás para poder sobrevivir. Muchas personas se volvieron a bañarse en los ríos, o con el agua que caía de los techos, a lavar ropa a mano y en las quebradas. Se reinventó la tabla para lavar ropa a mano como en los tiempos de las abuelas, muy útil por cierto en medio de las circunstancias. La estufa de una o dos hornillas de gas, se volvió a usar para la comida de la familia, como solía ser antes, hasta el aceite para el quinqui se volvió indispensable.

Además, hubo un después, lidiando para sobreponerse a los tiempos difíciles con limitaciones y cambios drásticos por el paso del huracán. Un después cambiando las rutinas diarias porque la vida estaba llena de incertidumbres y reveses.

En lo personal, el monstruoso huracán Maria marcó un antes y después cambiando drásticamente el curso de mi vida. No sólo, me vi obligada a abandonar físicamente la hermosa Isla por razones de salud y sobre vivencia. Al igual que miles lo hicieron con mucho dolor y prácticamente obligados por las circunstancias fuera de control. Muchos, al igual que nosotros, con dolor en el corazón sin querer salir, pero sin mas remedio salimos llorando cabizbajo de la Isla que tanto amamos. Sí, escribo *Isla* y *Pueblo* con letra mayúscula rompiendo las reglas gramaticales de la escritura. Lo hago a propósito impulsada por el respeto y el gran amor a mi Isla, a mi querido Pueblo, porque duele tener que dejar a Puerto Rico.

También, por razones emocionales debido a la depresión al querer apoderarse de mi mente.

Aunque, siempre me consideraba una persona fuerte, independiente, dispuesta a resistir los retos que trae la vida, como lo había hecho antes. Despues, de María me di cuenta que realmente soy frágil, vulnerable y muy sensible al dolor... No fue fácil ver paredes desplomadas de la casa en construcción y luego buscar ayuda para recibir la respuesta de negación. Simplemente, por decir la verdad y ser considerada un segundo hogar. Aunque, llevaba dos años viviendo en la Isla del Encanto, la cual nunca dejará de tener su encanto.

Por otro lado, miraba y escuchaba un panorama injusto cuando otros aprovechados recibían ayuda a través de mentiras y manipulaciones sin realmente necesitar ni sufrir daño alguno. Sólo, aprovechaban la oportunidad de una catástrofe de esta índole. Pero, Dios todo lo ve...y todo lo sabe…Finalmente, sentir impotencia al ver tanta destrucción, como si fuera una zona de guerra la Isla. Tantos árboles caídos por todos lados. La Plaza de San Antonio, en Aguadilla, en donde se celebraba tantos cultos y dramas cristianos estaba prácticamente arropada por un enorme árbol. Lugar en donde el Club de Leones de San Antonio, celebraba durante todo el año actividades y ferias se salud en pro del bienestar de la comunidad. Esta escena de destrucción daban deseos incontenibles de llorar. Todos estos factores cambiaron mi forma de pensar y ver las cosas, pues no todo es blanco y negro, sino hay muchos otros matices.

También, la sensibilidad hacia otras personas cambió, porque todos somos vulnerables y a cualquiera le toca el sufrimiento de vivir espantosas experiencias en el momento menos esperado. El huracán María cambió la forma de ver la vida de acuerdo al cristal con que vemos lo realmente importante y quizás para otros sea completamente indiferente sin afectarles tanto. Todo tiene un propósito y un porqué el cual nos ayuda acercarnos mas a Dios…aún en el momento mas difícil de la vida.

No pretendo, ser experta en psicología, para entender a cabalidad el comportamiento individual del ser humano; ni tener bastos conocimientos en sociología, para entender como funcionan las sociedades en determinadas situaciones o épocas. Tampoco, soy experta en teología, pero Dios es real y no puedo dejar afuera de este relato por ser *Él* parte primordial de la narración siendo testigo de sus milagros cuando proveyó alimento, gasolina, sanidad en mi estomago, sacio mi sed y dio paz.

Mucho menos, pretendo imponer mi filosofía de vida, porque casi todos tenemos una visión y metas de como ver y llevar la vida, para reflexionar y ser quiénes somos, como individuos. Aunque, individualmente somos diferentes, pero con muchas similitudes que nos definen como Pueblo.

Sin embargo, las experiencias vividas a través de la vida me han llevado por senderos diferentes para toparme a la fuerza con cada una de estos campos de estudios influyendo el cristal con que veo las cosas hoy día antes, durante y después de María. Todos merecemos estar bien informados de cuando va a suceder un fenómeno de esta categoría. Debemos estar al tanto de nuestro alrededor antes y después de los sucesos para tener la información completa y poder mirar desde la perspectivas de lo que realmente son.

Gracias a la única estación radial que estuvo en las ondas transmitiendo hasta cuando las baterías fallaron. La estación radial, La Grande 1340 AM de Aguada, nos acompañaba en las noches oscuras y tristes sin saber que amparaba el próximo día. Las situaciones del diario vivir, deseamos preferiblemente sean positivas, pero también debemos estar al tanto de lo negativo para aprender de los errores sin repetir y caer en lo mismo.

Por ejemplo, nos enteramos de la visita del Presidente Trump, a través de las ondas radiales llenando de alegría, grandes expectativas y muchas esperanzas. Después, nos enterarnos del trato tan inmerecido tirando migajas a los espectadores, una verdadera humillación por su parte, al Pueblo de Puerto Rico.

En lo personal, dolió profundamente haciendo comparación con otro huracán en Nueva Orleans. Las vidas perdidas ya sea una vida o catorce, son demasiadas vidas perdidas y nunca debió de suceder.

Además, estuvimos sin servicio de Internet y el rumor era por razones de seguridad por la visita del Presidente. El Pueblo pagó las consecuencias y quedó nuevamente incomunicado. El huracán María enseñó muchas cosas, pues aprendí a vivir sin luz, agua, celular, ni televisión, pero también con dolor y tristeza.

Sobretodo, en la escasez a racionar el agua aún con sed y la comida para asegurar comer al otro día. María me causó una tristeza profunda, pues lloraba por cualquier cosa sin control. Aún, las lagrimas se asoman mientras recuerdo, para plasmar las memorias en palabras. Al escribir estas líneas se llenan de llanto mis ojos sin poder contenerlas…

No pretendo imponer mis creencias, ni mis ideales, ni la forma de ver la vida, pero si hago pensar dos veces acerca de las cosas de Dios, eso es ganancia. Después, de leer la narración puedes ver: a tu vecino, al trabajador de Energía Eléctrica, a los empleados de Acueducto y Alcantarillado, al servidor público, la Policía municipal o estatal de Puerto Rico y distintas partes de USA, la Reserva, los militares de USA, a los de Primeros Auxilios o Emergencias Médicas, los Voluntarios que arriesgaron sus vidas. Aquellos que compartieron la planta eléctrica con los vecinos sin titubear ni incomodarse y mucho menos mirarlos de reojo, la estación de Radio Una 1340 AM en Aguada, por ser una de las primeras en transmitir e informar al Pueblo por largas horas, aquellos que dieron un vaso de agua cuando carecíamos del preciado líquido, por aquel hombre en Caimital Alto que repartía hielo a los de edad avanzada y a los encamados, por aquella joven del municipio la cual me entregó una caja de comida cuando mas lo necesitaba para luego desplomarme a llorar sobre ella, a la repostería de San Antonio, El Progreso por tratarnos con amor y respeto con un sistema establecido para *todos* llevar los artículos de primera necesidad, para los Boricuas que se desvivieron para mandar cantidades de artículos por aire y mar, el piloto de FURA que salvó vidas e informó lo que sucedía a través de las redes sociales.

Los artistas que pusieron su talento y tiempo con maratones y conciertos como: Olga Tanón, Don Omar, Daddy Yanqui, Ricky Martin, Jennifer López, María Celeste Ararás del programa Al Rojo Vivo de Telemundo por venir a Puerto Rico y ayudar, Jorge Rivera y demás reporteros que informaron los acontecimientos después del huracán y muchos mas personas que escapan mi limitada mente. Si, hoy puedes verlos como, los *verdaderos héroes de María…* valió la pena.

¡Porque no hay gestas grandes o pequeñas que pasen desapercibidas para Dios!

Capítulo 7

Los Ayes Que Dejó María

Definitivamente, el huracán María dejó mucho dolor y lamentos por el paso por la Isla. Sin embargo, hay cantidades de personas identificadas por nunca haber sentir la magnitud de los torbellinos en forma de fuertes vientos huracanados. Mucho menos, han experimentado vientos alcanzar ciento ochenta y seis millas con fuerzas sostenidas hasta de doscientos seis ráfagas en algunas partes de la Isla y cuidado sino fue en toda la Isla.

Muchos puertorriqueños le ha tocado vivir ajenos a este fenómeno natural por estar fuera del país en lugares en donde los huracanes apenas azotan. Aunque, han lidiado con tormentas de nieves y intensos fríos, pero no tienen comparación con un huracán de categoría cinco y la devastación que prosigue. Por lo tanto, quizás fue por esa razón que tomó tan desapercibidos a muchos por la falta de experiencia. En un momento dado, a casi todos toca vivir momentos de horrendas situaciones fuera de lo normal y de nuestro control.

En esta ocasión, fue el turno de Puerto Rico que vivió una de las experiencias mas dramáticas e impactantes de la naturaleza, rompiendo los esquemas de rutinas diarias sin saber que esperar día tras día. Sin imaginar, las consecuencias tanto emocionales como materiales que vendrían con el eminente paso del huracán.

El huracán de por si, era un evento impactante que siempre ha sido tomado en serio en la Isla. Aunque, la oscuridad sin saber si era día o noche por la falta de electricidad ya era un evento mas común para el Pueblo.

Sin embargo, la experiencia singular de escuchar incesantemente caer gotas ensordecedoras como címbalo que retiñe con fuerza no era tan común. Los chorros de lluvias por veinticuatro largas horas fue algo impactante y escalofriante. Cada vez, las lluvias eran mas fuertes causando extremado miedo y ansiedad. Las lluvias alcanzaron hasta viente y tres pulgadas de acumulación y cuidado que mas en lugares remotos del centro de la Isla.

Las aguas al salirse de los cauces, acompañadas de los regios vientos causaron desprendimientos de tierras, derrumbes de puentes, aislando comunidades; como sucedió en el pueblo de Utuado, donde estaba localizado el *"Campamento de los Olvidados,"* por el lugar tan apartado de difícil acceso. También, hubo deslizamiento de terrenos por las intensas lluvias en donde fueron sepultados en sus propias casas. Por la radio, escuché decir el caso también en Utuado, en donde dos personas fueron sepultadas por el desprendimiento de tierra, cuando una, salió a pedir ayuda para la otra.

En Corozal, un grupo de valientes policías habían quedado resguardando la comisaría y jamás imaginaron que se convertirían en víctimas. El río se salió de su cauce entrando súbitamente por todo los pisos del cuartel en donde quedaron atrapados. Ellos corrieron hacia el techo para salvar sus vidas, pero no sin antes socorrer a un compañero que había quedado atrapado en un cuarto intentando guardar las computadoras y documentos oficiales. Luego entre si, formaron una cadena humana desafiando el viento y las lluvias en el techo de la comandancia.   Entonces, uno de los policías, comenzó a tirar tiros como último desesperado recurso al darse cuenta que las fuerzas humanas iban decayendo. Después de varios minutos, fueron divisados por las personas en los apartamentos adyacentes alertando a los socorristas que se encontraban cerca. Así, este grupo de audaces policías fueron finalmente rescatados de la odisea que vivieron y salieron airosos de la grave situación. Gracias a Dios que llegaron justo a tiempo, pues humanamente no hubieran resistido por veintitrés horas las inclemencias del tiempo.

Lamentablemente, otros tres policías no corrieron con la misma suerte y fueron arrastrados en el carro de patrulla por las corrientes del río Culebrina entre Aguada y Aguadilla causándoles la muerte. Estos tres honorables policías se convirtieron en héroes al morir socorriendo a otros en medio del caos del huracán María.

En otros lugares, el mar y la tierra se unieron hasta convertir el horizonte en uno sólo, sin ver en donde comenzaba la tierra y terminaban las aguas. Playas completas desaparecieron del mapa como sucedió a la playa de Crash Boat, en Aguadilla. Después del huracán, Crash Boat era un panorama de desolación y trajo muchas lágrimas a los ojos de Aguadilla. Tal parecía, el triste lejano recuerdo era lo único que quedaba de la playa, pues todo estaba destruido bajo agua. Crash Boat tenía la fama de ser una de las mejores playas de Puerto Rico. Hoy día, se trabaja arduamente con miras a levantarse mejor que antes para nuevamente ser una de las playas mas visitada en todo Puerto Rico.

Por otro lado, el agua hizo mucho daño en su paso por todo Puerto Rico, haciendo su cometido. El agua corrió libre por las calles como ríos, acompañado de torrentes vientos, sepultando carros y parte de las viviendas como en el sector Victoria de Aguadilla. Muchos otros sectores del mismo relieve en la topografía por toda la Isla, sufrieron daños similares. Las desgarradoras imágenes de personas en los techos de sus casas desesperados esperando ser rescatadas antes que fuera muy tarde se vieron a nivel internacional.

Sin embargo, en el sector Victoria en Aguadilla, estaban la sedes de la estación radial WABA La

Grande, transmitiendo de costumbre; para los miles de fieles oyentes atentos sobre el eminente paso del huracán. En un momento dado, dos locutores y un periodista se vieron atrapados al darse cuenta era muy tarde para salir hacia el estacionamiento rumbo a los hogares. El estacionamiento estaba completamente cubierto de agua por todos lados, como un torrente río. Ellos perplejos contemplaban como la inundación arropaba rápidamente las calles, los autos y los balcones. Enseguida, las antenas de la estación colapsaron al ceder a las fuertes ráfagas de vientos. Entonces, aún ante la peligrosidad hubo un sabor a impotencia al no poder continuar con la transmisión de emergencia que se desarrollaba ante sus ojos. En aquel lugar, sin salida, estaban tres grandes héroes de la radio transmitiendo hasta el último minuto posible, antes de perder la señal.

Entonces, mantuvieron la calma dentro de la estación por tiempo indefinido encomendados a Dios, todo Poderoso.

Entre ellos, se encontraba el gran periodista y querido amigo Victor Manuel Vázquez Domenech, transmitiendo apenas por la débil señal de Internet que iba y venía. El joven periodista describía el horror se deslizaba ante sus ojos del eminente peligro que asechaba a pasos gigantescos. Juntos los tres grandes de la Radio puertorriqueña, quedaron atrapados por días sin comunicación con los familiares y radio oyentes. Hasta que por fin, cedieron las aguas y pudieron llegar a sus respectivos hogares. Ellos son los héroes que informaron al Pueblo. Allí estuvieron, hasta el último momento posible que hubo señal, inspirándonos a mantener la calma y ser fiel en lo que hacemos, a pesar de las circunstancias.

Hay tantos otros testimonios del sufrimiento causado por los vientos y las lluvias del huracán María, estacionado por veintitrés horas sobre el corazón de la isla. Mientras, el Pueblo sufría en carne propia el horror de los embates del huracán. Todavía, tengo pesadillas y escucho el rugir ensordecedor del viento sin querer dar tregua a las puertas y ventanas azotadas por las lluvias durante largas horas. El agua buscando como león crujiente por donde entrar a terminar la obra destructora del viento, quitando el sueño y la paz por mucho tiempo.

Una anécdota sumamente desgarradora le sucedió a una amiga, a quien llamaremos "Cokie" la cual conocí en circunstancias adversas, pero de inmediato tuvimos una gran afinidad. El denominado común de la conversación, fue el huracán María, uniéndonos de inmediato. La joven se desempeñaba como consejera de jóvenes en una escuela local. La conocí en el mercado buscando comprar en un almacén prácticamente vacío que parecía saqueado como en las películas. Ella se encontraba bajo un gran estrés producido por la frustración de no conseguir los artículos de primera necesidad. De pronto, establecí una conversación para animar y calmarla, pues entendía exactamente la frustración que estaba sintiendo la joven. Mientras, la escuchaba atentamente relatar los momentos de angustia que vivió al perder su casa con todos los muebles y las pertenencias personales. *"Lo que no se fue volando, se mojó tanto que quedó perdida total y casi pierdo mi vida,"* me contaba angustiada la joven. Durante el huracán, ella se resguardó en un pequeño espacio donde estuvo por largas horas. Mientras, el huracán pasaba inclemente sobre lo que quedo de su casa, ella estaba en total estado de pánico rayando a la desesperación. La joven contaba se encontraba sola en la casa cuando el techo del baño cedió primero e hizo un rugir ensordecedor como si fuera el fin del mundo. Luego, casi de inmediato la cocina también se desprendió dejando la casa al intemperie sin saber cual era su próximo paso. Entonces instintivamente, ella corrió a refugiarse en el único cuarto pequeño de cemento para salvar su vida quedando extremadamente asustada y traumatizada por el evento. *"Mi corazón se quería salir del pecho,"* explicaba apretando su pecho. Cuando la buscaron entre los escombros de la casa, todavía gemía de histeria incontenible y castañuelas parecían sus dientes del susto y frió sin poder contenerse. Gracias a Dios, ella ya se encuentra fuera del país en recuperación y pronto comenzará un trabajo en la misma linea de su profesión mucho mas tranquila y animada. Esta gran sobreviviente desea de todo corazón trabajar y ayudar a los desamparados y víctimas de tragedias como la que ella le tocó vivir. Amiga, tú eres una sobreviviente valiente que no se dejó destruir por el huracán y volvió a tomar las riendas de su vida como toda una héroe. Gracias a Dios, siempre se encuentra refugio…en Dios, la familia, los vecinos, y los amigos que dan la mano dispuestos a escuchar.

Mientras tanto, mi esposo y yo recogíamos los pedazos rotos de nuestras rutinas para empezar de nuevo, aunque sucedió lo inesperado por causa de la dependencia a los celulares cuando pensamos nunca van a fallar. La comunicación por teléfonos y celulares fallaron por completo. En el momento clave, de mayor importancia dejaron de funcionar. Únicamente, había recepción en ciertas áreas y si los celulares eran de la compañía Claro. Hay que dar su debido crédito a la compañía, Claro. Al establecer la compañía en Puerto Rico, fueron los únicos que tomaron la iniciativa y enterraron los cables de ópticas en la tierra y no en postes para dar mejor servicio celular. Por lo tanto, eran los únicos con servicio después del huracán. Además, la compañía Claro actuó de buena fe cediendo el uso de sus torres para otras compañías que tenían las torres caídas. De esta forma, paulatinamente otras compañías pudieran dar servicio a sus clientes. La red de Claro mostró de primera mano que estaba unida por Puerto Rico. *"¡Gracias*

Claro," siendo uno de los primeros grandes héroes en la comunicación y merecen reconocimiento por su labor en pro del Pueblo!

Sin duda alguna, hay un refrán que dice *"los amigos se conocen en los tiempos malos."* por esta razón que doy gracias a Dios, por la amistad de personas como Benny Rodriguéz López y su esposo Manuel Ramos; ambos Capellanes, quiénes fueron también héroes. Ellos mostraron el genuino amor de Dios cuando albergaron a otros en su hogar supliendo alimentos y agua con el propósito de ayudar. Benny era la única que podía calmar mi ansiedad con su sutil voz la cual siempre la ha identificado, respaldada por la Palabra de Dios. En cuanto, a lo personal respecta, sino hubiera sido por Benny y Manuel mi desesperación e impotencia de no poder comunicarme con mis hijos hubiera llegado al limite. Además, Lillian Gónzalez; a quien admiro mucho por ser una líder en el Sindicato de Maestros, amiga y vecina, su esposo e hijo Tato, quienes prestaron su celular, yo hubiera sucumbido en la desesperación. Lillian y su esposo fueron los primeros en hablar con mi hijo mayor, dejándole saber estábamos bien. Esto, después de múltiples infructuosos intentos con Benny y Manuel logré la tan deseada comunicación con la familia. Alrededor de tres semanas del paso de María, pude por fin hablar con el hijo mayor que ya estaba en estado de pánico e incertidumbre al no saber nada de nosotros sus padres. De mas, esta decirles que apenas pude cruzar palabras de la emoción al escuchar la voz de mi hijo Leonardo quebrantándome totalmente. Sólo pude llorar y llorar sin proponerlo. No es fácil, intentar llamar día tras día, sin darse por vencido hasta que por fin pude hablar también con mi otro hijo Jonathan, mis hermanas y mi querida tía Lillian.

Además, a las tres semanas, de haber pasado el huracán recibí la primera caja de alimentos entre mis hermanos Hernán Milán que vivía en el estado de New Jersey y Milton Milán; desde Florida, porque Dios siempre suple las necesidades. Ellos sintieron la necesidad de ayudar y mandaron las cajas la primera semana del huracán. Las otras cajas llegaron esporádica, una y luego las otras, casi destrozadas para un total de diez cajas. ¡Gracias! Ustedes son mis héroes.

Las cajas llegaron oportunamente en el momento de necesidad ya que no había alimentos en las tiendas. Estuvimos muy agradecidos por la gesta de parte de mis hermanos con la buena voluntad de socorrernos. En esos momentos, no podía comunicarme con ellos para darles las gracias y la impotencia de estar incomunicada me desesperaba. Sin embargo, la bendición de las cajas fueron compartidas con mi sobrino Willie alcanzando a muchos otros amigos y vecinos. Puesto, todos estábamos en la misma barca y éramos una gran familia con las mismas necesidades.

El fenómeno huracanado de María, fue explicado por muchos expertos religiosos, científicos y por la mayoría de la gente que siempre tienen una opinión. Una de las teorías que me llamó la atención fue la teoría científica compartida por muchos del *"porqué"* sucedió el huracán. De acuerdo, a la explicación de la teoría científica, el planeta se renovaba para dar espacio a la nueva vegetación y nuevos árboles. Una especie de *"Renovación Ambiental,"* los huracanes daban paso a la nueva vida silvestre. Esta teoría presenta el planeta con tantas montañas y bosques en una constante renovación, aunque esto cause gran caos. Aunque, algunos de los últimos eventos de destrucción alrededor del mundo podría dar base a tener algo de verdad en la teoría de la renovación del planeta.

Aunque, estoy de acuerdo con muchos que el impresionante fenómeno del huracán María venía con las intenciones de liquidar todo a su paso, cobrando factura por las veces se desvió a otras áreas. Sin embargo, en esta ocasión venía con el empeño de acabar con los recursos mas preciados e importantes de un país que son los recursos naturales y sobretodo su gente. Hoy, hago eco de las palabras del Prócer puertorriqueño; el ilustre, Luis Muñoz Rivera; primer Comisionado Residente, de Washington en los Estados Unidos y quien recibió la Carta Autóctona de las Cortes de España, en donde cedía la autonomía a la isla. La Carta llego muy tarde, pues en el ir y venir del tiempo llegaron los americanos a la isla y lo demás es historia. Parafraseando las palabras elocuentes de Luis Muñoz Rivera; padre de Luis Muñoz Marín, palabras incrustadas en la entrada de el Museo del Pueblo de Barranquitas; su ciudad natal, tomando mas relevancia y sentido que nunca después del huracán, *"Conocer a su gente es conocer al país. La gente son la semilla, el recurso mas importante que tiene un país."*

Ciertamente, de algo fui testigo de como se solidarizó y sobresalió en una forma ejemplar la gente maravillosa de Puerto Rico. Se llenaron de valentía con extrema cordura y sosiego para hacer las largas filas. Muchas veces, cabizbajos y silenciosos con lágrimas en los ojos y en otras ocasiones llenos de humor hicieron lo propio para conseguir apenas las necesidades básicas…todos vivimos un día a la vez. Siempre pensando en el bien común del mas necesitado del barrio como por ejemplo: las viudas, los ancianos, los que estaban enfermos, encamados y aislados por los derrumbes.

!Se lució Puerto Rico como pueblo, mi gente, dando cátedra los Boricuas! !Que orgullosa estoy de la mayoría de mi pueblo! ¡Sin duda alguna, estos son mis verdaderos héroes…el Pueblo de Puerto Rico!

Sin embargo, hay que ver el otro lado de la moneda. Lamentablemente, siempre hay casos esporádicos que opaca las buenas obras de la mayoría. Hay aquellos aprovechados que se quieren apropiarse de lo ajeno…robando comestibles y en especi generadores. Totalmente, no es la culpa de los amigos de lo ajeno, sino del gobierno en general. En vez, de enseñarlos a pescar dando las herramientas para pescar…les dan el pescado puesto en la mesa. Ahora no saben nada mas que robar para subsistir…

El gobierno debería tener la partida mas alta del dinero en el presupuesto para la "Educación," como hacen muchos otros países menos pudientes y menos desarrollados que el nuestro. Por lo tanto, estos países siempre son los primeros en la vanguardia de las matemáticas y ciencias y adelantos tecnológicos a nivel mundial. Lamentablemente, en la Isla las prioridades están puestas en salarios exagerados inmerecidos, sin ni siquiera ser de aquí…en vez de ser en la educación. !Sólo, digo lo que siento!

En cuanto, a los desastrosos vientos del huracán María, hizo su cometido destruyendo casi todo a su paso especialmente los arboles frondosos y productivos de la Isla. Una gran alfombra en el suelo de árboles tanta falta hacen para protección del sol, tanto a humanos, como a los animales del campo. ¡Ay, que mucho dolió cuando cayeron los árboles de aguacate, panas, mangó-ses, chinas, quénepas y palmas de cocos!

Por lo tanto, dolió escuchar que árboles centenarios yacían en el suelo de gran importancia para la historia de Puerto Rico. En particular, hubieron varias anécdotas de árboles caídos con historias que remontan cuando Puerto Rico se levantaba para identificarse como Pueblo...como puertorriqueños y como país.

Un enorme árbol centenario de mamey que guardaba una historia en particular, fue el caso del amigo Wilber Nieves Burgos, del barrio la Charca en Aguadilla. El árbol de mamey con mas de docientos años, había sido sembrado por los padres de su abuela; Don Isidro Gónzalez y Doña Catalina Nieves, para que sus hijos tuvieran que comer en tiempos de hambruna, conjuntamente con los del barrio. En el 1898, cuando nació la abuela de Wilber, Doña Angela Gónzalez; ya el árbol estaba dando frutos de mamey para el barrio completo. Wilber Nieves Burgos; hijo de Don Cruz Nieves

Mendez y su madre Doña Carmen Burgos Gónzalez, jugueteaba cuando niño bajo el árbol de mamey. El camino vecinal pasaba por debajo del árbol y por ser tan frondoso era punto de referencia para llegar al barrio. Los caminantes venían y iban al pueblo, pero se detenía para descansar debajo de la sombra del árbol. Wilber recordaba cuando niño iba con su abuela a recoger frutas de mamey para hacer dulce de mamey.

Hasta un banco de madera se las ingeniaron para sentarse los jóvenes, pues el árbol era un lugar ameno de tertulias. En los años del 1955, en los tiempos de juventud Wilber junto a los amigos del barrio se sentaban bajo el árbol frondoso de mamey. Allí pasaban horas cavilando que sería de ellos en el futuro. Wilber cuenta que debajo del árbol hubieron muchos noviazgos. Algunos, terminaron en matrimonio sólidos y aún felizmente casados, como en el caso de una de sus primas. Sin embargo en esta ocasión, Wilber lloró amargamente al ver el árbol desplomado en el suelo junto con los recuerdos de su familia. Mientras tanto, Wilber sentía un gran dolor en su corazón. En su mente, guardaba cada imagen de los momentos que pasó con su abuela y también durante su juventud debajo del frondoso árbol de mamey soñando quimeras.

La caída del árbol de mamey llamó la atención a los vecinos del barrio. Ellos veían maravillados la frondosidad del árbol con las raíces por fuera, causando un gran hueco en la tierra, además de causar dificultad en el acceso a la casa de Wilber. Muy a su pesar, Wilber estaba consiente que todavía emocionalmente no estaba preparado para remover el árbol caído dentro de su propiedad. El árbol de mamey yacía en el medio del patio aun verde, pues Wilber no podía reponerse de la perdida del árbol centenario que se llevó el huracán María, aunque sus recuerdos siguen intactos en su corazón. ¿Quien sembrara otro árbol de Mamey?

Otra importante anécdota de árboles caídos que también remontan a la historia de los comienzos de Puerto Rico. Se trata, del árbol de aguacate en el patio de un gran amigo de Guayama, Jesús Reyes, quien de niño fue testigo de la historia de Puerto Rico. Este árbol había sido sembrado en el patio de la casa de Jesús, cuando él tenía apenas cinco años de edad. El árbol había sido dado por el entonces gobernador, Luis Muñoz Marín. En el 1952, el gobernador implementó una reforma agraria que impedía las grandes corporaciones adquirir tierras en exceso conocida como La ley de los 500 Acres. A la vez, garantizaba tierra a los que trabajaban. El barrio a poblar en donde daban las tierras a cien familias llevaba el nombre de *"Luis Muñoz Rivera,"* padre de Luis Muñoz Marín. Luego, el nombre del barrio fue cambiado a *"Corea,"* por la Guerra de Corea, en donde muchos puertorriqueños fueron a servir como soldados debido al anexo con los Estados Unidos. Hoy día, es conocido como el Barrio *"Olimpo,"* de Guayama.

 Entre las primeras cien familias trabajadoras en la industria azucarera mas importante de Puerto Rico de esos tiempos, estaba el padre de Jesús Reyes. Las cien familias recibieron una parcela de tierra y un árbol de aguacate por cada familia.

En la Central Machete de Guayama, trabajaba el padre. De Jesús, conocido como Don Alfonso Reyes y entre sus amigos como, "Meco." Don Alfonso Reyes tenía uno de los trabajos mas importantes en la industria azucarera, pues ayudaba al desarrollo y expansión de la Industria Azucarera de Puerto Rico. Don Alfonso se desarrollaba como "cuadrúpedo," quien era el técnico encargado del proceso en convertir la caña en el melado, luego en caramelo hasta convertirse en azúcar. Finalmente, era distribuida en sacos de 100 libras netas para la venta de exportación y el consumo interno del país.

Don Alfonso Reyes por tener la experiencia y los conocimientos del proceso azucarero visitaba otras centrales en Puerto Rico: como en Arecibo La Cambalache, en Guaníca La Ensenada, Salinas

La Aguirre, La Plata en San Sebastián, la Central Pellejas en Adjuntas y Coloso en Aguada. Además, Don Alfonso fue a lugares fuera del país que tenían industrias azucareras como en República Dominicana, Haití y Cuba ayudando al desarrollo de las centrales en esos países.

Por lo tanto, basada en estos datos históricos y la gran importancia del árbol ser testigo de hechos concretos de la historia de Puerto Rico, las pérdidas de los árboles causaron un gran sentido de dolor entre los habitantes del barrio Olimpo, en especial a Jesús Reyes y su familia. El árbol representaba el gran esfuerzo que hizo su padre para mantener la familia unida proveyendo el sustento del hogar en tiempos difíciles. Además, el árbol tenia un incalculable valor sentimental para su padre, por haber sido recibido de las propias manos de Luis Muñoz Marín; el primer gobernador elegido por el Pueblo de Puerto Rico. Luis Muñoz Marín era el héroe de Don Alfonso, quien lo admiraba y amaba profundamente con su retrato colgado en la sala considerado una reliquia, al igual que muchos hogares puertorriqueños. Muchos huracanes pasaron por la Isla como: Santa Clara, Hortensia, Hugo, Georges, pero ninguno derrumbaron el árbol de aguacate de Don Alfonso Reyes hasta que vino el huracán María y lo arrancó de raíz. Aunque en la historia, quedará registrado para siempre la procedencia de los árboles de Aguacate del barrio Olimpo…y también para la familia Reyes, para el pueblo de Guayama y Puerto Rico.

Sin embargo, el centro de la Isla fue una de las áreas severamente atacadas por el huracán.

Especialmente, las cosechas de café quedaron desbastadas sin dejar un grano de café en el pueblo de montaña adentro, Adjuntas. Al mes, fuimos Adjuntas para acompañar a la viuda del hermano de mi esposo, inspeccionar su casa. La experiencia estuvo llena de todos los elementos de terror y sorpresa jamás imaginable.

Anteriormente, la cuñada de Leonides, había intentado ir, pero se vio forzada a devolverse por causa de las carreteras cerradas por los derrumbes. Así, tomamos otra carretera, pero un tramo pasaba por una área sumamente peligrosa por la condición de la carretera rural en el pueblo de Lares. Aquel viaje fue apocalíptico.

Tal parecía, era el fin del mundo y en momentos también de nosotros era el final. Habían tramos de carreteras completamente desprendidos y apenas cabía el auto, para completar llovía a cántaros por los escurridizos sectores. Habían peñones de tierra y rocas deslizados por la carretera. En ocasiones, hubo que maniobrar para evitar las rocas o caer en el abismo, dando la vuelta con mucho cuidado alejándonos de los derrumbes.

La devastación observada de primera mano le desgarraba el corazón a cualquiera. La mayoría de las casas de maderas estaban destruidas totalmente. Los escombros de casas, árboles y toldos azules se levantaban a lo lejos rompiendo la armonía con el paisaje. Algunas colinas desplomadas se deslizaban por los caminos. Tal parecía, una máquina pesada hubiera pasado por encima de la tierra aplastando la vegetación. A lo lejos, se observaba la inmensidad de las montañas sin árboles que obstruyeran la vista.

Al llegar al Pueblo de Adjuntas, fuimos a ver las Villas Sotomayor rodeadas de montañas. Las Villas eran el primer complejo eco-turístico de la área poniendo el nombre de Adjuntas en el mapa. La limpieza alrededor de las hermosas Villas estaban en pleno apogeo dando esplendor y resaltando la belleza natural de este paradisíaco lugar campestre.

Mas adelante, vimos el Río Tanamá y el Río Ataúd uniendo sus potentes corrientes para dar un espectáculo de la naturaleza en todo su esplendor. Las grandes rocas entrelazadas con la corriente daban la sensación de un paraíso perdido. También, visitamos el puente colgante en reparación el cual quedó derrumbado impidiendo la entrada de las hermosas cabañas turísticas recién construidas que armonizaban a lo lejos con la naturaleza.

El producto principal del café, los guineos, plátanos y las chinas en Adjuntas, quedaron aplastados en el suelo. La espesura de los árboles en la gran mayoría quedaron derrumbados. Los Barrio Tanamá y Yahuecas cortaban y limpiaban los escombros del camino en pequeños brigadas de trabajadores y voluntarios. Mientras, los trabajadores de carreteras luchaban contra el reloj para dar paso al camino, uno a la vez.

En Yahuecas, nos detuvimos para saludar a la sobrina de Minerva, conocida como Elba Román trabajadora incansable en una repostería del barrio operando con un generador para proveer el pan diario en la mesa puertorriqueña. La sobrina sirvió unos dulces rellenos de queso con café de Adjuntas, que me hizo olvidar los sustos en el camino, por ser los mas sabrosos del mundo, mitigaron el hambre y la ansiedad del viaje.

Las familias en Adjuntas, nos recibieron con los brazos abiertos mientras compartían las anécdotas de María. También, tuve la oportunidad de ver como un helicóptero distribuía cajas de alimentos al campamento en una iglesia del barrio Portillo. Estos suplían para las personas atrapadas por los derrumbes y árboles caídos que obstruyeron la vía de tránsito al barrio.

Mientras tanto, nos dirigimos al barrio Yayales para visitar la tía de Leonides de noventa y seis años de edad, conocida como Doña Alina López; Viuda de Caraballo, confirmando que estaba bien junto a los hijos: Tista Caraballo, Mingo, Florindo y el mas joven de los hijos varones Nacho quien había llegado para cuidar de su madre durante el huracán Irma. Doña Alina nos cantó la canción en inglés que aprendió en la escuela de niña, con la tonada se *"Yankee Doodle Dandy,"* pero acerca de la historia de Puerto Rico. ¡Impresionante que todavía recordaba la canción! ♪ ♪*"In 1492, Christopher Columbus discovered Puerto Rico..♪*

Luego, fuimos a un riachuelo de agua natural el cual por años había tenido un grifo hecho por el dueño del terreno. Cantidades de vecinos del barrio se suplían del preciado liquido por años. Entre nosotros tres, hicimos un equipo de trabajo para avanzar con el proceso, puesto habían otras personas en turno para hacer lo mismo. Mi esposo llenaba los galones, de agua cristalina y fría, mientras yo le daba el galón, los abría y cerraba para pasarlos a Minerva quien los acomodaba al auto.

Luego, para apocar la felicidad de tener agua cristalina y fría escuché por la radio que tuvieran cuidado con las aguas naturales recogidas de los peldaños y riachuelos de la Isla. Según el noticiero, habían reportado ya varias muertes por la contaminación de bacterias producidas por el orín de ratón y otros animales muertos en el agua. Hasta allí, llegó la aventura de buscar agua en los riachuelos. Entonces, atemorizada no pude tomar el agua de Adjuntas.

A los varios días, regresamos por otro camino aunque mucho mas largo, pero mas seguro. Atrás, dejamos mucha gente buena, honesta, trabajadora y muy linda de corazón con muchas ansias de volver a trabajar la tierra y recuperar todo lo que habían perdido. Atrás, quedó una persona especialmente hermosa, una simpática, la niña de siete años y muy inteligente por cierto. Mi querida Samantha, quien hizo la estadía mas pasajera, llevándola en mi corazón para nunca olvidarla. Si, porque hay niños que te roban el corazón y no sabes, ¿porqué? Dios te bendiga Samantha y a todos los niños de Puerto Rico afectados por "Maria."

Después del viaje, mi estómago continúo dándome problemas. Esta vez, poniéndose como piedra y devolver extensivamente todo. Desde, ese momento mi estómago siguió tan afectado que sólo me atrevía comer algunas de los alimentos enlatados que mandaron mis hermanos y las sopas que de vez en cuando traía la vecina Tete. Por el momento, esto ayudó a sostenerme.

Para colmo, lamentablemente la mayoría de las grandes cadenas de mercados estaban vacíos y si tenían alimentos lo hacían difícil al restringir la entrada a los clientes en largas filas afuera del establecimiento. Esto debido que no implementaron un sistema adecuado desde el principio para evitar el caos o la desproporción desmedida de artículos por persona. Cuando se dieron cuenta que se llevaban diez cajas o mas de agua y otros no alcanzaban ni una, pues se habían terminado, ya era muy tarde. Siempre hay personas sin escrúpulos llevados por la euforia del egoísmo, del "yo," sin pensar en los demás, por lo tanto hubo gran escasez de los productos en los anaqueles… Por otro lado, hay que entender que ya estaban vacíos de antemano por causa de Irma y apenas comenzaban a traer mercancía nuevamente y todavía no tenían todos los productos a mano.

Entonces, comencé a pensar en los muchos otros estaban enfermos y solos sin nadie que les brindara una mano amiga. Recordé a mi querida amiga Doña Genoveva Ramos; Viuda de Bravo, mejor conocida como Doña Beba, miembro activa del Club de Leones de San Antonio. Ella acostumbraba a sacar su tiempo para visitar y llevar alimentos a los mas desvalidos. Durante el huracán, abrió las puertas de su casa para un matrimonio de personas entrada en edad, pues la casa se mojaba y estaban delicados de salud. De ninguna manera, Doña Beba iba a permitir que pasaran el huracán solos en sus casa. Doña Beba mi héroe siempre dando ejemplo de lo que es hacer el bien sin mirar a quién.

El tiempo de visitar a los que viven solos o están encamados enfermos, es ahora. No debemos de esperar mucho tiempo para visitarlos porque la soledad es triste y como dicen, *"mala consejera."* No debemos de jugar con el factor tiempo, pues hay que hacer el tiempo. Porque, quizás cuando vayas sea muy tarde, ni este con vida la persona, como me sucedió hace unos años atrás.

En una ocasión, cuando volví a la cuidad de Paterson, Nueva Jersey, aproveche para buscar a una gran amiga a quien le había perdido el contacto ya hacía mucho tiempo. Después, de hacer los contactos y conseguir la dirección fui a visitar a mi querida amiga. Para mi sorpresa, la encontré muy enferma. Madeline, tremendo ser humana y gran peluquera que trabajó para mi por varios años.

Al llegar a la casa, apenas la reconocí porque la enfermedad había acelerado su paso en los últimos meses. Ese día, compartí con Madeline tratando de recobrar el tiempo perdido. Me sentía tan feliz de volver a reencontrarla. Ella apenas sonreía y me apretaba suavemente la mano. Mi amiga preguntó por mis hijos y me dijo para mi sorpresa, *"me alegro que terminaste los estudios."* En realidad, no entendía como ella tenía conocimiento, pues nunca lo mencioné y no había ningún contacto. La hija estaba maravillada que me había reconocido y me hablaba, pues apenas ni abría los ojos. Después de varias horas, oré por ella y le prometí volver la próxima semana para estar mas tiempo. La próxima semana regresé y hacía unos días había muerto y enviada a enterar a Puerto Rico. El dolor que me causó saber que no volví a tiempo a verla viva, todavía lo tengo clavado en mi corazón.

Precisamente, se la llevaron a sepultar a Puerto Rico, después del huracán Marilyn del 1995; que ocasionó grandes estragos en la Isla. Mi gran amiga estuvo varias semanas en un refrigerador hasta restablecer el sistema de sepultura en su pueblo natal. ¡Descansa en paz mi querida amiga! Mi héroe Madeline. quien batalló con su enfermedad por años…nunca la olvidaré. *"¡Gracias Dios, por darme la oportunidad de verla y abrazarla por última vez!"* Aprovechemos el hoy, el momento, el ahorra… *"no esperes para mañana, lo que puedas hacer hoy."*

Capítulo 8

Lecciones de María

El huracán María dejó muchos cambios en nuestro diario vivir y a la misma vez, enseñó muchas grandes lecciones de vida. La mayoría de los puertorriqueños, hemos vivido en carne propia el verso bíblico hecho realidad, *"Somos uno en Cristo."* Un sólo Pueblo, un sólo sentir, un sólo dolor! María trajo unidad e hizo tomar conciencia como Pueblo, vecino, amigo, y como familia. María nos hizo entender somos seres que vivimos en una sociedad y necesitamos y dependemos unos de otros.

Primero, hablando espiritualmente, dando gracias a Dios estamos dando la lucha por la infinita misericordia de Dios, aunque no entendemos ni reconocemos los propósitos de Dios, pues sus senderos son desconocidos para el hombre. Además, como creyentes tenemos la esperanza y la certeza los ángeles recogerán cada una de las lágrimas derramadas por el huracán María, para presentarlas ante el trono de Dios… y en su debido momento dará la recompensa por tantos sufrimientos.

Al menos, dos cosas debemos tener presentes: la seguridad: de la justicia divina para responder por cada uno de nuestros actos y los azotes de la naturaleza nadie se escapa…Debemos estar preparados.

Por lo tanto, debemos recordar que vivimos en el Trópico, expuestos al paso de estos fenómenos y aprender a estar mejor preparados para otra eventualidad. Por lo tanto, cada hogar debería tener un generador eléctrico a bojo costo por ser una necesidad, y un almacén de alimentos en reserva para lidiar con estos fenómenos de la naturaleza, porque sea cuando sea volverá a pasar. El gobierno debería tomar carta en el asunto de regular los generadores para controlar el abuso de precios excesivos y los monopolios del producto. Además, los precios de los generadores deben estar accesibles al Pueblo, por causa de la necesidad que en algún momento deberán adquirir uno. También, dar un incentivo en los contribuciones para aquellas personas que obtengan un generador, sería una alternativa viable. Además, en las nuevas construcciones de casas, debería ser requisito proveer una área para colocar y tener el generador para emergencias como parte integral de la construcción.

 Hoy con mas empeño que nunca, Puerto Rico trabaja para restablecer la belleza natural y en las áreas públicas creando mejores condiciones que antes. Porque...Puerto Rico no se doblega ante la adversidad, sino que lo usa como trampolín para echar adelante a todo vapor, pues situaciones como éstas nos hacen fuertes.

También, es cierto que el huracán sacó del cause las aguas para correr libremente ensanchando los ríos y las quebradas convertidas en peligrosas corrientes de aguas. Ya es tiempo, de construir murallas protectoras alrededor de estos peligrosos ríos. Las calles limpiar y destapar los desagües para que las aguas fluyan con facilidad y un leve aguacero no produzca un enorme caos en las carreteras. La infraestructura de las carreteras debe ser nuevamente analizadas para elevar los tramos en donde los ríos pasan muy de cerca.

En un momento dado, durante y después del huracán, las compresas de aguas amenazaban con romperse y aniquilar los pueblos adyacentes, pues corrían grandes peligro por la cercanía. Todos esperaban asustados la orden de moverse a los refugios. Por lo tanto, las compresas de la Isla deben estar en primer lugar en la lista de prioridades para arreglar y mantener en óptimo estado. Las pérdidas de vidas son irreparables, sin contar las estructuras si se rompen las compresas. El ejemplo lo tenemos en la cuidad de New Orleans; en el sur de los Estados Unidos, con el huracán Katrina cuando se rompieron las compresas y entró el agua a la cuidad.

Sin embargo, hay que felicitar la gallardía de la gente de Puerto Rico, fue excepcional, como enfrentaban cada uno de los retos con valentía a medida que surgían.

Hoy reconocemos un vecino aunque piense diferente, vale más que millones de dólares. Los vecinos son aquellos que se convierten en socorristas, dando los primeros auxilios. El chófer para llevarte al hospital, es el buen vecino que te extiende la mano. Aquel, vecino que vive al lado, te da comida para no morir de hambre cuando escasea. Mientras, llega la ayuda del gobierno enredada en leyes, sanciones, papelería y otros enredos que el hambriento no entiende ni quiere saber de razones. El vecino te trae un galón de agua cuando mas secos tenemos los labios por que escasea y nada puedes hacer. Además, es el que te ayuda a mover los primeros escombros al frente de tu hogar, son los vecinos, para luego recibir ayuda del municipio saturado de tanto trabajo. Gracias, a Dios hubieron tantas personas que se movieron a misericordia como el "Buen Samaritano"...sin mirar a quién se ayudaron unos a otros. Ayudaron a vecinos y a desconocidos, enfocados en la necesidad a mano para mostrar los mejores colores como Pueblo.

¡Por último, el huracán María si trajo cosas buenas, de acuerdo al cristal como mires las cosas! También es cierto, el huracán María volvió muchas cosas como debieron ser desde un principio. Hay testimonios de muchos vecinos que no se hablaban por mucho tiempo enojados quién sabe por cualquier tontería. Después, del huracán volvieron hablarse y reanudaron la amistad entre ellos. Hubo reconciliación entre familiares, amistades y matrimonios restaurados por el bien común de los niños.

Hoy, más que nunca María nos enseñó a valorar lo nuestro, lo genuino lo que siempre hemos tenido, pero no lo apreciamos como: el guineo, el plátano, la yautía y todas las viandas que nuestra tierra produce por agricultores abnegados. Ellos se levantan con el alba hasta la caída del sol para sembrar, cosechar y vender…lo nuestro. Las frutas y verduras están al alcance de nuestras manos en el patio de nuestras casas o en el colmado de la esquina como en los tiempos de las abuelas de antaño. Hay que valorar lo nuestro, lo de aquí. Los productos criollos a veces los despreciamos por que cuestan unos centavos más que los importados. Ahora, entendemos lo nuestro, lo de aquí como el caqui, vale también. Además, siempre los productos criollos han estado aquí ayudando a sobrevivir los peores momentos a través de nuestra historia. Durante y después, del huracán hemos tenido que volver a los tiempos de imitar a las abuelas, *"hacer de tripas corazones."*

A pesar de todo, hay que mirar las cosas desde un punto positivo, no por emoción sino para tener el deseo de continuar haciendo a Puerto Rico grande. Como dice la Biblia; *"El querer como el hacer."* El vaso de agua a mitad hay que verlo como que esta casi lleno...

Durante, el huracán María sucedieron muchas cosas buenas. Dios nos dio la bendición del nacimiento de una nieta en el estado de Florida, dos días después del huracán, el 22 de septiembre. Aunque. Nació antes de su debido tiempo, nosotros nos enteramos al mes siguiente. Estamos contentos y agradecidos de Dios por la nieta, Kali Jade. ¡Un milagro de Dios! Otro, milagro fue que no le pusieron el nombre del momento... María.

En resumidas cuentas, María hizo aflorar lo mejor de nuestra sociedad. Nuestra gente, sacó su espíritu de guerrero Taíno y campesino que llevan sangre adentro. Las ganas y garras de superación fueron mas fuertes que los vientos y la destrucción de María. El Pueblo no se dejó vencer ante lo que veían sus ojos, la incertidumbre y desolación marcando todo a su paso. Algo bueno, le sucedió al Pueblo… que estaba totalmente enfocado y sumido en la ¨Junta¨ y en los colores de sus partidos, sentados en sus laureles...por fin despertó.

Los niños; el futuro de nuestro país, soltaran los juegos cibernético, los celulares y horas al frente de un televisor para entretenerse y hablar unos con otros. Ahora, vemos grupos de niños compartiendo el balón pie y simplemente corriendo o hablando sin celulares de sus experiencias durante el huracán María. Los niños han aprendido a socializar con otros niños. También, están en los parques, en los columpios, en la tabla del sube y baja, en el campo corriendo y caminando por encima de troncos caídos, brincando charcas de agua…siendo niños. Simplemente, divirtiéndose con cosas sencillas, como antes. Al frente de sus casas, jugando, pues han descubierto el juego de Peregrina, de Esconder, el de…Uno-Dos-Tres-Pescado, quizás nunca antes jugado. Ahora cantan, ♫*"Doña Ana no esta aquí…esta en su vergel…"*♫ *"Arroz con leche se quiere casar con una viudita de la Capital...♫♫♫tilín, tilán sopitas de pan...para la viudita que no come pan...♫♫♫*

Una vez, en el estado de Florida y extrañando la Isla, uno siempre se encuentra con gente buena de Puerto Rico. Los espejuelos de mi esposo fueron repuestos gracias a la amabilidad de una asociada de Walmart. Después de la asociada, escuchar la narración de como Leonides rompió sus lentes, fueron remplazados con otro par sin costo alguno. Porque, Dios es bueno y para siempre es su misericordia. Gracias, Miriam por tu interés de ayudar con mucho amor y respeto siguiendo las pólizas de la tienda. Tú, haces la gran diferencia en donde trabajas. Gracias, a la cadena de tiendas Walmart, por ayudar a los que perdimos tanto... *¡Gracias...tu eres nuestro héroe silencioso!*

Hoy, Puerto Rico es un pueblo que se levanta con una visión distinta y se reinventa, para no dejarse caer ni depender para todo del gobierno. A pesar de las circunstancias, el Pueblo esta dando la milla extra, para volver a levantarse como país, como Pueblo y por ende como individuos…

!Aunque, Puerto Rico sea atacado por: huracanes que acaben con su verdor, si un tsunami cubre sus costas, temblores de tierra derrumbe las colinas, tormentas tropicales doblen las palmeras, las trombas marinas azoten los arenales, playas sean arropadas por la bruma del mar, y los tornados arranquen la floresta, siempre va hacer la Isla del Paraíso, la Isla del Cordero, la Isla del Encanto…

"La Perla de los Mares" exclamó el poeta José Gautier Benitez, lleno de nostalgia al ausentarse de la Isla, aclamó su bella Patria!

!Puerto Rico te llevamos en el alma! ¡Maria nos cambió la vida como individuos, pero como Pueblo...nos fortaleció y nos hizo un sólo Pueblo!

En lo que a nosotros respecta...esperamos volver pronto a la Isla del Encanto para levantar las paredes caídas de nuestra casa y cerrar ese círculo que quedó abierto...con mucha fe y amor, así será… ¡Hay mucho por hacer, pues hay vida después de María…Dios los bendiga!

Acerca del Autor

Brunilda nació en la encantadora isla de Puerto Rico en el pueblo de Aguadilla, en donde hasta las piedras cantan. Ella es esposa de Leonides Rivera por 52 años y contando… Ella es madre, de dos hijos Leonardo y Jonathan, abuela de siete nietos: Cynthia, Kevin, Michael, Amber, Alexis, Kelci y

Kali Jade y bisabuela de cuatro niños, Elijah, Tristan y Carter Leo y Anaya.

Brunilda se ha destacado como profesora de inglés, dramaturgo, poetisa y escritora de 16 libros en ambos idiomas; español e inglés disponibles.

Ella cuenta con licenciatura en ESOL. (Inglés como Segundo Idioma.) Además, dos Maestrías en Educación; de la Prestigiosa Universidad de Puerto Rico: recinto de Mayagüez, (RUM) y Supervisión y Administración; de la Universidad del Caribe, en Ponce.

Brunilda ha ganado premios como Maestra de Excelencia en Puerto Rico 2000 y Nueva York 2005. Ha sido invitada como maestra ganadora del Bronx, Nueva York; al programa "Despierta América."

En el libro, *"Los Verdaderos Héroes del Huracán María,"* ella relata la odisea con lujo de detalles que vivió antes, durante y después del horrendo huracán María, para poder sobrevivir junto a su esposo Leonides. También, cuenta como vio la mano de Dios en los milagros en medio del caos y la desesperanza que le tocó vivir.

Entre sus libros *"Sin Tapujos"* ella revela su testimonio como tuvo que lidiar con el problema de droga-adicción de su hijo luchando hasta liberarlo con la ayuda de Dios, todo Poderoso. En su libro *"Cuentos de Antaño de Papá;"* considerado una joya literaria, hace un recuento de la vida de su padre, desde el lecho de muerte, sus vivencias en extremada pobreza. hasta lograr la superación dedicando su vida al servicio de Dios.

Todos sus libros están disponibles en amazon.com. Actualmente, ofrece conferencias y talleres dirigidas a motivar y restaurar el auto estima de la mujer. Ha tenido el privilegio de llevar la Palabra de Dios en viajes misioneros a la República Dominica y México. Ha sido invitada para exponer la Palabra y conferencias en: Puerto Rico, Canadá, Delaware, New Jersey, Florida y Tejas. ¡Sin temor a equivocarme, Brunilda es una digna sierva que ha dado testimonio del amor de Dios en su vida a través de sus libros!

!A Dios sea la Gloria! Amén…

Ruth Milan

Libros disponibles en: amazon.com

brunildamilan.com

Para contacto, comentarios o charlas:

brunildamilan@gmail.com

Gracias…Dios los bendiga